KB216331

최준식 교수의
종교 · 영성
탐구 II

한국 사자의 서

死者　　　書

최준식 지음

한국인을 위한 영계 가이드북

최준식 교수의 종교·영성 탐구

한국 사자(死者)의 서(書)

지은이 최준식
펴낸이 최병식
펴낸날 2017년 11월 20일
        2022년 4월 20일 2쇄
펴낸곳 주류성출판사
서울특별시 서초구 강남대로 435
TEL | 02-3481-1024 (대표전화) • FAX | 02-3482-0656
www.juluesung.co.kr | juluesung@daum.net

값 15,000원
잘못된 책은 교환해 드립니다.

ISBN 978-89-6246-330-9   03200

최준식 교수의
종교·영성
탐구 II

한국
사자의서

死者 書

최준식 지음

한국인을 위한 영계 가이드북

주류성

목차

책을 내면서 ·· 9

저자 서문 ·· 11

1 "영혼과 사후 세계가 존재한다는 데에 대한 유력한 증거에 대하여"

믿기 어려운 사후 세계 ··· 18

    우리는 왜 사후생의 존재를 믿기 힘들까? ·································· 19

사후 세계가 존재한다는 유력한 증거 ··· 23

    첫 번째 증거 – 세계 종교들은 모두 사후 세계를 인정한다! ········· 23

    두 번째 증거 – 신비가들이 전하는 사후 세계 ···························· 25

    세 번째 증거 – 의사들도 사후 세계를 인정하기 시작 ················· 27

    네 번째 증거 – 최면을 통해 ··· 34

    다섯 번째 증거 – 근사체험자들의 생생한 증언 ························· 38

우리의 의식은 뇌와 별도로 존재한다! ··· 42

이 정도면 사후생의 존재를 받아들여야? ·································· 46

사후 세계로 들어서기

– 근사체험자들의 증언을 통해

2

1. 드디어 빗장을 연 사후 세계 ·· 51

근사체험 연구의 효시 – 무디(Moody)와 링(Ring) ···················· 52

전문 의학지에 처음으로 실리는 근사체험 연구 – 의사 롬멜의 연구 ·········· 54

2. 근사체험의 내용과 그 단계들

– 영혼의 세계로 들어가며 ·· 56

첫 번째 단계 – 체외 이탈 ·· 56

노래 '천의 바람이 되어'의 교훈 ··· 59

두 번째 단계 – 이른바 터널 체험 ······································· 61

빛의 존재와의 만남 – 이때 겪는 종교적 체험에 대해 ·················· 64

삶에서 가장 중요한 것은 배움과 사랑 ··································· 67

세 번째 단계 – 육신으로 귀환 ··· 68

정리하며 ··· 70

3 사후 세계 대탐사

– 사후 세계로 성큼 들어서기

영혼이란 무엇인가 74

영혼의 특질에 대해 75

세 가지 몸으로 구성된 우리의 몸 77

영계란 어떤 곳일까 81

영계는 1차 영역과 2차 영역으로 이루어져 있다! 82

육체를 벗었을 때의 처음 느낌은? 83

1차 영역에 들어서기 – 치유와 삶의 회고 86

영계로 들어가는 것을 거부하는 영혼도 있다! 86

1차 영역에서 첫 번째 하는 일 – 치유와 휴식 87

삶의 회고 – 자신이 행한 선행과 위선이 모두 까발려진다! 89

우리를 심판하는 존재는 없다! 91

이곳에 가지고 올 수 있는 것은 생전의 행위뿐! 94

2차 영역에 들어서기 97

2차 영역은 어떻게 생겼을까, 그리고 누가 살고 있을까? 97

영계에도 층이 있고 구획이 있다 99

2차 영역에서 하는 일은? 102

정리 103

영계로 들어왔을 때 주의해야 할 일은? ···················· 105

　자신이 육신으로는 생을 다했다는 것을 빨리 인정하기 ············ 105

　사후에 자신이 죽은 줄 모르고 헤매는 영혼을 그린 영화들에 대해 ········ 106

　영계는 어떤 원리로 돌아갈까?-내 사념이 외부 환경을 만들어낸다! ······ 113

　영화 "천국보다 아름다운(What Dreams May Come)"에 나타난 영계의 모습 ··· 115

　영계에서 우리의 생각은 영적인 물질로 환경을 만들어낸다! ········ 123

　영계의 감옥 역시 내가 만들어낸 것! ·················· 125

　내가 죽었다는 것을 빨리 알아차릴 수 있는 방법은? ··········· 127

못 다한 이야기들 ······························ 130

　죽은 뒤 소멸된다는 공포에서 벗어나야 ················· 130

　이른바 지옥이라는 곳의 모습은? ···················· 133

　천당과 지옥의 실체는? – 그리고 지옥에서 벗어날 수 있는 방법은? ····· 136

나가면서 ································· 139

책속의 책 – 한국 사자(死者)의 서 ·············· 143

책을 내면서

나는 그동안 사후 세계에 대해 책을 출간하고 기회가 있을 때마다 그 주제에 대해 강의를 했다. 강의를 하다 보니 이 주제에 대해 아예 강의 형식으로 책을 쓰면 어떨까 하는 생각을 갖게 됐다. 책은 논리 전개 상 번잡한 내용이 들어갈 수밖에 없지만 강의는 '엑기스'만 다루니 듣는 사람들이 핵심을 파악하기가 쉬울 것이라고 생각했기 때문이다. 그래서 책 서술 양식을 탈피하고 강의하는 것처럼 글을 쓰기로 했다.

사실 우리가 어떤 주제에 대해 배우려 할 때 가장 좋은 것은 책을 읽는 것보다 그 주제를 잘 아는 사람에게 직접 강의를 듣는 것이다. 그러면 강의자와 교감이 되면서 내용이 머리에 쏙쏙 들어온다. 나는 이번 책에서 그런 느낌을 살리려고 노력했다. 흡사 이 주제에 대해 저자 직강을 듣는 것 같은 느낌을 갖게 말이다. 그래서 이전 책의 내용을 대폭 '다이어트'해서 독자들이 소화하기에 편하게 만들어 보았다.

이번 책이 같은 주제를 다룬 나의 다른 책과 다른 점은 또 있다. 독자들의 접근성을 높이기 위해 영화를 예로 활용했다는 것이 그것이다. 사후 세계에 대해서는 적지 않은 영화가 있는데 그런 영화들은 특히 미국에서 많이 제작되었다. 그런 영화 중에는 사후 세계에 대해 정확한 정보를 담고 있는 영화가 있다. 이 책에서 다룬 '식스 센스'나 '디 아더즈', 혹은 '천국보다 아름다운'과 같은 영화가 그것이다. 이 영화들은 사후 세계에 대해 좋은 정보를 담고 있음에도 불구하고 이 주제에 밝지 않은 사람들이 보면 그 정보들을 읽어내지 못한다. 나는 이런 영화들에 담겨 있는 많은 정보들을 독자들에게 알려주기 위해 각 장면을 세밀하게 분석해 보았다. 이 책을 읽고 다시 한 번 이 영화들을 보면 얻을 수 있는 정보가 많을 것이다.

그리고 마지막에 부록으로 사후 세계를 안내해주는 '가이드북'을 실었다. 이 부분의 제목은 "한국 사자의 서"인데 "티베트 사자의 서"와 비슷한 기능을 하기에 이름을 이렇게 붙여 보았다. 이 글은 원래 내가 2011년에 출간한 『죽음의 미래』에 부록으로 실었던 것이다. 이 글을 왜 쓰게 됐는가에 대한 것은 뒤에 상세히 적었으니 여기서는 생략한다. 이 글은 임종의 실제 현장에서 임종을 앞둔 사람들을 위해 읽어주는 것을 목적으로 만들어진 것이다. 그런데 이 글을 다시 보니 번쇄한 것들이 많았다. 독자들이 더 가깝게 다가오기 위해서는 수정이 필요했다. 이를 위해 나는 어려운 내용들을 과감하게 쳐내고 양을 줄이는 일을 하였다. 또 더 쉽게 만들려고 표현을 바꾸기도 했다. 이런 식으로 이 글을 새롭게 만들어보려고 노력했는데 과연 독자들이 어떻게 받아들이지는 두고 볼 일이다. 마지막으로 이 글을 다시 활용할 수 있게 허락해준 소나무 출판사 측에 감사드리는 것을 잊어서는 안 되겠다.

끝으로 이 책이 나올 수 있게 힘을 써준 여러분들께 감사의 마음을 표하면서 이 글을 마쳐야겠다. 첫 번째로 감사드릴 분은 말할 것도 없이 주류성 출판사의 최병식 사장이다. 내가 이전에 연구했던 내용을 다시 정리해서 이런 책으로 낼 수 있는 기회를 주었으니 감사한 것이다. 그리고 강의용 파워포인트 자료를 만들어준 송혜나 교수에게도 감사드린다. 이 책은 그가 만든 파워포인트 자료를 토대로 해서 서술한 것이다. 송 교수는 제3자의 입장에서 내 글을 정리해주어 내가 그것을 강의식으로 전달하는 데에 많은 도움을 주었다. 저자로서 바라는 것은 아주 간단하다. 이 글을 읽는 분들이 부디 새로운 세상에 눈이 열렸으면 하는 것이 그것이다.

저자 서문

    우리는 자신이 잘 모르는 해외로 여행을 갈 때 만반의 준비를 합니다. 교통편이나 숙소를 예약하고 특히 현지에 대한 정보를 많이 수집합니다. 이렇게 준비를 많이 하는 이유가 무엇이겠습니까? 큰마음을 먹고 또 큰 돈을 내서 가는 해외여행인데 준비를 제대로 하고 가지 않으면 낭패를 볼 수 있기 때문입니다. 현지에 가면 어디를 가야하고 무엇을 보아야 할지, 또 무엇을 해야 할지 등등에 대해 꼼꼼한 계획을 세우지 않으면 현지에 도착해서 어쩔 줄 몰라 허둥지둥할 수 있습니다. 그렇게 있다 귀국하면 그 여행은 완전히 망친 게 됩니다.

    그러나 여행지에 대한 정보를 책이나 인터넷을 통해 충분히 접하고 특히나 그곳에 갔다 온 사람들의 생생한 체험담을 수집한 사람은 다릅니다. 이런 사람들은 흡사 여행지를 잘 아는 사람처럼 용의주도하게 여행을 만끽할 것입니다. 자, 그럼 여러분들은 이 두 여행 중에 어떤 여행을 택하시겠습니까? 당연히 준비를 충분히 한 여행을 선택하겠지요?

그럼 이 여행의 목적지를 사후 세계로 바꾸어 보십시오. 이렇게 바꾸어 볼 수 있는 것은 우리가 사후에 떠나는 여행은 미지의 세계로 떠나는 여행이기 때문입니다. 이 여행에 관해서 우리는 몇 가지 질문을 던질 수 있습니다. 첫 번째로 던질 수 있는 질문은 정말 사후 세계가 존재하느냐에 대한 것일 겁니다. 이 문제는 어떻게 다루면 좋을까요?

여기서 우리는 프랑스의 철학자였던 파스칼의 도움을 받을 수 있습니다. 그는 신의 존재를 믿을 것인가 말 것인가 하는 질문에 대해 '게임 이론'이라는 것을 만들어 친절하게 설명해주었습니다. 그에 따르면 우리가 이 게임에서 베팅을 할 때 신을 믿는 쪽에 거는 게 유리합니다. 그 이유는 간단합니다.

이 질문에는 두 가지 경우의 답밖에 없습니다. 두 가지 경우란 신이 있거나 혹은 없거나 한 것입니다. 신은 둘 중의 하나의 상황에 속하지 이 두 가지 상황에 모두 속하거나 혹은 이 둘에 다 속하지 않을 가능성은 없습니다. 만일 상황이 이렇다면 신이 있다고 믿는 것이 이 두 가지 경우에 모두 유리합니다. 이것은 당연한 것이겠지요. 신이 정말로 존재한다면 이미 그렇게 믿고 있었으니 문제될 게 없고 반대로 신이 존재하지 않는다면 어차피 다 '꽝'이니 그것 역시 문제될 게 없기 때문입니다.

반면에 신의 존재를 부정했을 때에는 신이 정말로 존재하지 않는다면 문제가 없겠지만 만일 신이 존재한다면 그때에는 징벌을 피할 수 없을 겁니다. 지고의 존재인 신을 부정했으니 어떤 형태로든 벌을 받아야 할 겁니다. 따라서 어떤 경우이든 신이 존재한다고 믿는 게 유리하다는 것이 이 이론의 전모입니다.

설명이 조금 장황해졌는데 사후생의 존재도 마찬가지라 할 수 있겠습니다. 사후생은 존재하던지 혹은 존재하지 않던지 하는 두 가지 경우 수 중의 하나에 속합니다. 다른 경우의 수는 없습니다. 그러면 우리는 사후 생의 존재 여부에 대해 어떻게 처신하는 것이 좋을까요? 앞에서 본 게임 이론을 적용하면 우리는 사후생이 존재한다고 생각하고 준비하는 것이 유리하겠지요. 이것은 당연한 것 아니겠습니까? 사후생이 존재하지 않는 다고 생각하고 준비를 전혀 안하고 있다가 죽었는데 사후생이 존재하면 낭패이겠지요. 반대로 사후생에 대한 공부를 착실히 하고 죽음에 임한 사 람은 사후 세계라는 새로운 여행지에 갔을 때 허둥대는 일이 없겠지요. 그런가 하면 다른 경우의 수로 그렇게 준비하고 갔는데 사후생이 없으면 어차피 아무 것도 없는 것이니 손해보고 말 것도 없습니다. 따라서 이렇 게 생각해봐도 저렇게 생각해봐도 사후생에 대해서는 준비하는 것이 우 리에게 백 번 유리합니다.

게다가 이 사후생에 대해서는 엄청난 연구가 쌓여 있습니다. 그 뿐만 아니라 사후 세계를 직접 체험한 사람들의 증언도 많습니다. 이런 정도로 많은 정보가 있다면 여러분들은 사후 세계가 존재한다고 믿는 편이 낫지 않겠습니까? 만일 그렇다면 우리는 이 사후 세계에 대해 준비해야 합니 다. 전혀 모르는 외국으로 여행갈 때 준비를 철저히 하면 그곳에 갔을 때 시행착오를 줄이고 여행을 충분히 즐길 수 있듯이 사후 세계에 대해서도 이처럼 철저하게 준비해야 합니다. 그래야 지금 여기에서 훨씬 더 충일 (充溢)한 삶을 살 수 있습니다.

이 책은 바로 그런 준비를 하려는 사람들을 위한 책입니다. 또 아직 준 비해야겠다는 생각이 드는 것은 아니지만 사후 세계에 대해 진정한 호기 심을 갖고 있는 사람들을 위한 책이기도 합니다. 지금 시중에는 사후 세 계를 알고 싶어 하고 나름대로 준비하고 싶은 분들이 참고할 만한 책이 없습니다. 그런 분들을 위해 이 책은 사후 세계에 대해 아주 쉽고 가장 기본적인 정보만 실었습니다.

이 책에 실린 정보를 보면, 인간의 영혼은 존재하는지, 존재한다면 어떤 것인지, 또 사후 세계는 존재하는지, 만일 존재한다면 어떤 원리로 구성되어 있는지 등에 대해 알 수 있을 겁니다. 참고로 말씀드리면 이 책에서는 사후 세계를 넘어서는 윤회, 즉 환생의 문제에 대해서는 다루지 않았습니다. 이것은 그런 교리를 인정하지 않는 종교를 믿는 분들을 위한 배려입니다. 그리고 어떤 분들은 사후 세계의 존재도 받아들이기 힘든데 환생 문제까지 이야기하면 그 분들이 버거워 할 수 있다는 판단에서 그렇게 한 것입니다.

이렇게 사후 세계를 공부해보면 지금의 삶을 새롭게 바라볼 수 있습니다. 그리고 이 지상에서의 삶이 얼마나 중요한 것인가를 절감하게 됩니다. 뿐만 아니라 지금의 삶을 어떻게 사는 것이 자신에게 가장 바람직한지에 대해서도 알게 됩니다. 우리의 삶은 죽음과 둘이 아닙니다. 아니 삶과 죽음은 아예 같이 붙어 있습니다. 동전의 양면이라고 할까요? 따라서 하나만 알면 아무 것도 모를 수 있습니다. 전체를 알 수 없는 것이지요. 반대로 사후 세계에 대해 알게 된다면 지금 내가 살고 있는 삶에 대해 전체적인 그림을 가질 수 있습니다.

바라건대 여러분들이 가슴을 열고 아무 부담 갖지 않고 이 책을 읽어본다면 분명 조금이라도 도움되는 점이 있을 겁니다. 그런 작은 바람이 실현되기를 바라면서 서문을 마칠까 합니다. 그럼 이제 사후 세계를 향해 항해를 떠나봅니다. 부디 즐겁고 성공적인 항해가 되기를.

2017(4350)년 가을에
지은이 삼가 씀

영혼과
사후 세계가
존재한다는 데에 대한
유력한 증거에 대하여

1

Q. 영혼이란 무엇인가

Q. 인간이 죽은 후에 영혼은 죽지 않고 천국이나
지옥으로 간다는 것을 어떻게 믿을 수 있나

Q. 신의 존재를 어떻게 증명할 수 있나

Q. 신이 인간을 사랑했다면 왜 고통과 불행과 죽음을 주었는가

이런 질문들은 누가 한 것일까요? 그 주인공은 놀랍게도 삼성 그룹의
창업자인 이병철 회장입니다. 그는 1987년 죽기 한 달 전에 자신이 가장
궁금해 했던 질문 24개를 만들어 가톨릭의 박 모 신부에게 보냅니다. 그
는 한국을 대표하는 기업을 만들었지만 인생 말년에 인간과 죽음, 종교
등과 같은 가장 중요한 문제에 대해 답을 얻고 싶
었던 모양입니다.

그는 답을 듣지 못하고 세상을 떠납니다. 위의
질문은 그 가운데 몇 개를 뽑아본 겁니다. 이 질
문은 '인간이 죽으면 어떻게 되는 것인가', 그리
고 '신은 존재하는가', 또 신이 존재한다면 '그가
창조했다고 하는 이 세상에 왜 고통과 악이 만연
한 지'에 대한 질문입니다. 이런 질문은 인간의
삶과 죽음과 관련해서 가장 근본적이고 보편적인
질문이라 할 수 있습니다.

이병철 회장

믿기 어려운 사후 세계

이 강의는 죽음 뒤의 세계에 대한 것입니다. 이 주제는 앞에서 이병철 회장이 던진 질문들처럼 우리 인간에게 가장 근본적인 질문 중의 하나입니다. 그래서 인간이라면 모두들 궁금해 하는 질문입니다. 그런데 확실한 대답은 얻기 쉽지 않습니다. 이 질문들은 인간의 이성이나 지각의 범위를 넘어서는 것이라 어느 누구도 시원스러운 답을 주지 못합니다. 그래서 우리들은 이 중요한 질문을 잊은 채 바쁜 일상 속으로 빠져 들어갑니다.

우리들은 자신이 죽는다는 것을 알고 있습니다. 인정하기 싫어도 우리가 분명히 죽는다는 것을 알고 있습니다. 그런 상황을 인정하면 그 다음에 던질 수 있는 질문은 다음과 같은 것일 겁니다. 즉 '우리는 죽은 다음에 어떻게 될까'에 대한 것입니다. 여기에는 두 가지 견해가 있습니다. 먼저 '우리는 죽으면 완전히 소멸된다'는 견해를 들 수 있습니다. 죽으면 나는 육체든 의식이든 아무것도 남지 않고 사라져버린다는 것입니다.

두 번째 견해는 이와 상반된 것입니다. 두 번째 태도는 '육신은 죽지만 영혼은 남는다'는 것입니다. 이 입장은 영혼을 인정하는 것이지요. 인간은 육체와 영혼이라는 두 요소로 구성되어 있는데 우리가 통칭 죽음이라고 하는 것은 육신만 소멸되는 것이고 영혼은 육신의 죽음 후에도 계속해서 존재한다는 견해입니다.

저는 두 번째 입장에 서서 이번 강의를 진행하려 합니다. 그런데 우리는 이 두 번째 입장에 대해 이런 질문을 던질 수 있을 겁니다. 영혼과 사후생이 존재한다고 하지만 속 시원한 증거가 없지 않느냐? 객관적이고 확실한 증거가 있으면 당신의 주장을 바로 수용할 텐데 현재로서는 그렇게 하기가 힘들다고 말입니다.

우리는 왜 사후생의 존재를 믿기 힘들까?

제가 방금 전에 말한 것과 같이 두 번째 입장, 즉 '사후생은 존재한다'라고 말하면 다음과 같은 힐난하는 듯한 질문이 들려올 것 같습니다. '아니 최 교수 당신은 죽어보지도 않았는데 어떻게 사후 세계가 존재한다는 것을 아는가?'와 같은 질문 말입니다. 자신이 경험하지 못한 일을 아는 것처럼 말하는 것이 온당하냐는 것입니다.

질문은 또 있습니다. '만일 진짜로 영혼과 사후 세계가 존재한다면 먼저 돌아가신 분들이 영혼의 형태로 돌아와서 사후 세계가 존재한다는 것을 알려주면 되지 않는가? 한 번만이라도 그렇게 하면 우리가 다 믿을 수 있을 텐데 그런 일은 한 번도 일어난 적이 없지 않은가'라고 말입니다. 이런 질문들은 매우 타당한 것으로 반드시 이에 대해 입장을 잘 정리해야 합니다. 저는 이런 질문에 대해 다음과 같은 생각을 해봅니다.

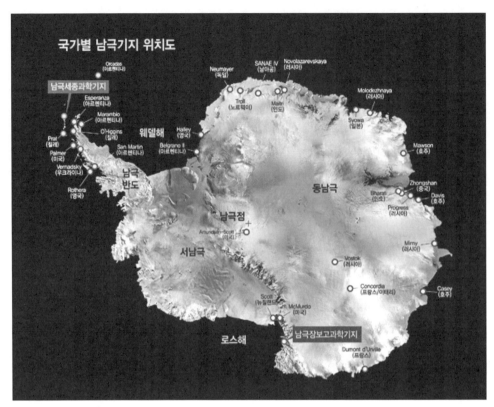

남극

　여기 사진에 나오는 남극을 보십시오. 우리 중에 남극을 갔다 온 사람은 아무도 없을 겁니다. 그렇지만 우리는 남극이 어떻게 생겼는지 정확하게는 알지 못해도 대강은 압니다. 어떻게 알 수 있었을 까요? 남극을 갔다 온 사람들이 이야기를 해주었기 때문입니다. 사후 세계, 즉 영계도 마찬가지입니다. 우리는 그 세계에 가보지 못했습니다. 아니 갔다 왔는데 기억이 안 나는지도 모르겠습니다.

　그런데 이 영계를 갔다 온 사람들이 있습니다. 인류 역사상 존재했던 많은 신비가들이 그들입니다. 이 분들은 범상한 우리와는 비교할 수 없는 능력을 갖고 있어 영들이 사는 세계를 제집 드나들 듯이 했습니다. 그리고 그 분들은 우리에게 그 세계에 대해 소상히 알려주었습니다. 그 덕에 우리는 그 세계를 갔다 오지 않았지만 그 세계를 알 수 있습니다. 그러나 여러분들은 이런 질문을 던질 수 있을 겁니다. 그들의 주장을 어떻게 믿을 수 있겠는가 하는 질문 말입니다. 이 점에 대해서는 뒤에서 자세하게 다루니 그때 보기로 합니다.

두 번째 질문은, 먼저 가신 분들이 왜 다시 와서 우리에게 자신들이 여전히 존재하고 있다고 말하지 않느냐는 것이었죠? 사후에도 영혼이 존재한다면 먼저 가신 분들이 우리에게 어떤 방법으로든 연락을 취할 터인데 그렇게 하지 않는 이유는, 혹은 그렇게 못하는 이유는 사후 세계가 존재하지 않기 때문이 아니냐는 것이 이 질문의 요지입니다. 이 질문은 분명 타당한 면이 있습니다만 사후 세계에 대한 것은 함부로 단정해서는 안 됩니다.

먼저 가신 분들이 우리에게 연락을 잘 하지 못하는 데에는 대체로 두 가지 이유가 있을 겁니다. 우선 영계와 물질계는 차원이 달라 서로 통하기가 쉽지 않다는 것을 들 수 있습니다. 앞에서 말한 신비가들의 증언에 따르면 영계는 순수하게 에너지로 구성되어 있어 물질계에 그 흔적을 남기는 일이 쉽지 않습니다. 그렇지 않겠습니까? 에너지로만 되어 있는 영혼이 물질계에 그 모습을 보이는 일은 결코 쉽지 않을 것입니다. 그런가 하면 우리가 살고 있는 물질계는 영계보다 차원이 낮기 때문에 우리는 영계에서 일어나는 일을 알지 못합니다. 우리에게는 영계가 전혀 보이지 않습니다. 차원이 높은 곳에서는 차원이 낮은 곳이 보이지만 반대로 차원이 낮은 곳에서는 높은 곳에서 일어나는 일을 전혀 알 수 없습니다. 이 점에 대해서도 나중에 심도 있게 다룹니다.

영계와 교통이 힘든 두 번째 이유는 첫 번째 이유와 직접적으로 연관됩니다. 물질계에 사는 우리들은 영계에서 신호가 오더라도 그것을 감지하는 일이 어렵다는 것이 그것입니다. 사실 영계에 있는 분(영혼)들이 우리에게 아무 것도 전하지 않은 것이 아닙니다. 그 분들도 여러 방법으로 우리에게 말씀을 전하려고 노력하는 경우가 많습니다. 그러나 우리가 그것을 알아채지 못하기 때문에 연락이 없는 것처럼 보이는 것입니다.

그 분들이 영의 형태로 물질계에 나타나는 일이 불가능한 것은 아닙니다. 그런데 그런 일이 아주 드물게 일어나기 때문에 그 분들이 나타나지 않는 것처럼 보이는 것입니다. 그 분들이 이 물질계와 소통하려 할 때 가장 많이 쓰는 방법은 자녀나 배우자의 꿈에 나타나는 것입니다. 이런 경험은 많은 분들이 했을 것입니다. 이 점은 뒤에서 영혼에 대해 설명하면서 더 자세하게 보도록 하겠습니다.

지금까지 아주 간략하게 사후 세계의 존재를 믿기 힘든 이유에 대해 보았습니다. 그런데 사실은 이것보다 사후 세계가 존재한다는 증거가 훨씬 더 많습니다. 사후 세계를 부정하는 사람들은 그 세계의 존재 여부에 대해 긍정적인 증거가 많이 있다는 것을 모르는 경우가 태반입니다. 그들은 이같은 증거를 알아보지도 않고 무조건 사후 세계를 부정하는 것입니다. 그러나 만일 마음을 열고 이 증거들을 검토해보면 생각이 달라질 수 있습니다.

사후 세계가 존재한다는 유력한 증거

앞서 말한 대로 이제부터는 사후 세계가 존재한다는 증거에 대해 보려고 합니다. 증거도 그냥 증거가 아니라 유력한 증거입니다. 여기에는 적어도 5가지의 증거가 있습니다.

첫 번째 증거 ― 세계 종교들은 모두 사후 세계를 인정한다!

먼저 세계의 고등 종교를 보십시오. 그림에서 보는 것처럼 기독교, 이슬람교, 불교, 힌두교와 같은 세계 종교들 가운데 영혼이나 사후 세계를 부정하는 종교는 없습니다. 물론 이 종교들의 교리에 약간의 차이가 있는 것은 인정해야겠지요. 기독교와 이슬람교는 사후 세계만 인정하는 것에 비해 불교와 힌두교는 사후 세계뿐만 아니라 그것을 넘어서서 환생(윤회)을 주장하고 있습니다.

사후 세계를 인정하는 종교들(기독교, 이슬람교, 불교, 힌두교)

이 종교들은 인류가 창출해낸 최고의 명품입니다. 그런 명품들이 하나같이 사후 세계와 영혼의 존재를 인정하고 있습니다. 상황이 이런데도 이 종교들이 주장하는 것을 모두 환상 혹은 오류라고 부정하는 것은 무리가 있는 태도 아닐까요? 물론 이 종교들이 주장하는 것을 있는 그대로 받아들이자는 것은 아닙니다. 사후 세계에 대한 그들의 주장에는 분명 문제가 있습니다. 그러나 그렇다고 해서 그것을 모두 오류라고 치부하는 것 역시 문제가 있습니다.

이 책에서는 이 종교들이 주장하는 사후 세계의 양상에 대해서는 가급적 다루지 않을 예정입니다. 문제가 있기 때문입니다. 그러나 만일 다루게 된다면 옥석을 구분해서 받아들일 만한 것만 소개하려고 합니다. 이 종교들은 지난 수천 년 동안을 지속해 오면서 교리가 왜곡된 면이 적지 않습니다. 이런 잘못된 교리를 걷어내고 고유의 보석 같은 가르침을 찾아낸다면 우리의 탐구에 많은 도움을 줄 것입니다.

두 번째 증거 ― 신비가들이 전하는 사후 세계

신비가라고 하면 일반 독자들은 낯설 수 있습니다. 간단히 말하면 이 분들은 말할 수 없이 뛰어난 영능력을 가진 사람이라고 보면 되겠습니다. 이 분들의 능력에는 여러 가지가 있습니다. 예를 들어 미래의 일을 정확하게 예지한다든가 아무리 멀리 있는 사물이라도 바로 앞에서 이미지로 볼 수 있는 능력 등이 그것입니다. 이 분들의 능력 가운데에는 체외이탈을 해서 영계를 자유롭게 드나들 수 있는 능력도 포함됩니다. 여기서는 이 분들이 이 능력으로 알아낸 사실에 대해서 볼까 합니다.

이런 능력이 없는 우리들은 이 분들의 능력을 믿기 힘들지만 그들은 분명 영계를 왕래하면서 많은 사람들의 문제를 풀어주었고 사후 세계의 실상을 우리에게 알려주었습니다. 인류 역사상 이런 분들은 적지 않게 있었습니다. 그런 분들이 많기 때문에 다 거론 할 수는 없고 그 가운데 대표적인 세 분에 대해서만 볼까 합니다. 이 분들은 우리와 비슷하거나 같은 시대를 살았기 때문에 더 친근하게 다가옵니다.

첫 번째로 꼽을 수 있는 분은 우리와 동 시대를 살지는 않았지만 영계에 대해 최고의 정보를 제공해준 스웨덴의 신비가 스베덴보리(1688~1772)입니다. 제 추측에 인류 역사상 이 분만큼 영계에 대해 정확한 정보를 전달해준 분은 없을 겁니다. 이 분은 개신교 사상 최고의 신비가 가운데 한 사람으로 꼽힙니다.

스베덴보리(Emanuel Swedenborg)와 그의 책

이 분은 많은 신비적인 능력을 갖고 있었지만 약 27년 간 영계를 탐사해 그것을 『천국과 지옥』(1758)이라는 책으로 낸 것으로 유명한 분입니다. 그는 그를 돕는 천사와 함께 영의 상태가 되어 영계 곳곳을 탐사해서 우리에게 귀중한 정보를 제공해주었습니다. 이 정보는 지금까지 어떤 문헌에도 나오지 않은 놀라운 것이었습니다. 저 역시 이 주제를 탐구하면서 이 책의 도움을 아주 많이 받았습니다.

어떤 사람들은 그의 영계 탐사기가 허랑방탕하다고 주장하기도 합니다. 믿을 수 없는 내용이 많이 나오기 때문입니다. 그러나 서구의 많은 사상가나 문호들이 그의 저작에 깊은 감명을 받았습니다. 그 중에는 괴테나 발자크, 융, 에머슨과 같은 서양의 기라성 같은 인물들이 포함되어 있습니다. 게다가 그의 책에 나오는 설명은 최근 서양에서 사후 세계와 영혼을 과학적으로 연구하는 학자들에 의해 검증되고 있습니다.

그 다음 두 분은 덴마크의 성자인 마르티누스(1890~1981)와 그리스의 키프로스에 살았던 다스칼로스(1912~1995)라는 분입니다. 이 가운데 마르티누스는 국내에는 전혀 소개되지 않은 분인 반면 다스칼로스는 그의 언행을 소개한 책이 한국어로 번역

마르티누스(Martinus Thomsen)

다스칼로스(Daskalos)

되어 있습니다. 이 분들 역시 사후 세계에 대해 매우 생생한 증언을 하고 있습니다. 이것은 그 분들이 직접 체험한 것이라 더 더욱 신임이 갑니다.

제가 사후 세계의 구성 원리를 알 수 있었던 것은 이 두 분의 설명에 힘입은 바가 큽니다. 이 세 분의 설명을 종합하면 사후 세계의 전체적인 모습과 돌아가는 법칙에 대해 알 수 있습니다. 이 책은 바로 그 결과물이라고 할 수 있습니다.

이 분들의 설명을 믿을 수 있는 근거는 확실하게 있습니다. 이 분들은 온전한 이성과 큰 자비심, 그리고 높은 도덕심을 갖고 있는 분들입니다. 그런 분들이 허랑방탕한 주장을 해서 사람들을 오도할 이유가 없습니다. 그리고 이 분들이 주장하는 것은 서로 내부분 일지합니다. 세부적인 데에서 다른 면이 조금 있을지 몰라도 큰 틀은 같습니다. 그러니 이런 분들의 주장을 믿지 않을 수 없지요. 우리가 남극을 가보지 않았어도 그곳을 갔다 온 사람들의 증언을 믿었듯이 영계를 갔다 오지 않았어도 이곳을 자유롭게 왕래한 이런 분들의 주장을 믿을 수 있을 것입니다.

세 번째 증거 — 의사들도 사후 세계를 인정하기 시작

세 번째 증거는 지금 본 두 번째 것보다 더 유력한 것입니다. 왜냐하면 세계적으로 저명한 의사들이 주장한 것이기 때문입니다. 의사들이 어떤 사람입니까? 서양 의학으로 훈련된 의사들은 기본적으로 유물론에 입각해 교육을 받습니다. 그래서 종교를 갖지 않는다면 그들은 영이나 사후 세계의 존재를 믿지 않습니다. 그런데 최근 들어와서 그런 그들 가운데에 사후 세계가 있다고 주장하는 사람들이 나오기 시작했습니다. 그런 예가 많이 있지만 여기서는 세 사람만 소개할까 합니다.

퀴블러 로스(Kübler-Ross)

첫 번째 의사는 죽음학의 세계적인 권위였던 엘리자베스 퀴블러 로스 박사(1926~2004)입니다. 이 분은 스위스 태생이지만 활동은 주로 미국에서 했습니다. 시카고 대학이나 버지니아 대학 등에서 정신과 의사로 활동을 했는데 이 분은 인간이 죽음을 맞이하는 단계를 5단계(거부-분노-흥정-우울-수용)로 구분해 주장한 것으로 세계적으로 이름이 높습니다. 아마도 이 분은 최초로 인간의 죽음을 이 같은 학문적 방식으로 정리한 분일 겁니다. 이 분은 또 타임지가 선정한 20세기 100대 사상가 중의 한 사람이었으니 이 분의 명성을 알만 합니다.

이 분은 인간의 죽음(death)과 죽어감(dying)에 대해서만 연구한 것이 아니라 사후생에 대해서도 많은 연구를 했고 그 주제에 대해 수년에 걸쳐 강연을 했습니다. 그리고 이 강연 내용을 모아 "사후생(최준식 역)"이라는 제목의 책도 출간했습니다. 이 분이 원래부터 사후생에 대해 관심이 있었던 것은 아닙니다. 그는 의사였던 터라 다른 여느 의사처럼 처음에는 사후 세계에 대해서 관심이 없었습니다.

그러다 임종 환자들을 돌보는 가운데 죽었다 살아나온 사람들, 즉 근사체험을 한 사람들을 자꾸 만나게 되어 이 체험에 관심을 갖게 됩니다. 관심만 가진 것이 아니라 나중에는 사후생의 존재를 굳게 믿게 됩니다. 그가 이 근사체험자들의 말을 들어보니까 그 체험의 내용이 대부분 일치했고 그들의 인품이 진지할 뿐만 아니라 종교적으로도 훌륭한 사람인 것을 보고 이 사람들의 주장을 믿지 않을 수 없었던 것입니다.

이 근사체험의 가장 기본적인 단계는 '체외이탈'하는 것입니다. 이것을 영어로는 'Out-of-Body-Experience(줄여서 OBE)'라고 합니다. 영혼이 몸에서 빠져나가는 현상을 말하는 것이지요. 벌써 여기서부터 영혼의 존재를 인정하게 되는군요. 그런데 로스 박사는 자신이 이 체험을 합니다. 그러니까 이 분은 사후 세계와 영혼의 존재에 대해 학문적으로만 연구한 것이 아니라 몸으로 몸소 체험한 것입니다. 그는 일본의 저명한 저널리스트인 다찌바니 씨와의 면담에서 자신은 탈혼(脫魂)해 영혼의 상태로 다른 별에까지 갔다 왔다고 말했는데 이것을 믿어야 할지 말아야 할지는 잘 모르겠습니다.

그런 그였기에 그는 사후생이란 믿음의 대상이 아니라 앎의 대상이라고 주장합니다. 그냥 아는 것이지 굳이 믿으려고 할 필요가 없다는 것입니다. 예를 들어 네팔에 히말라야 산이 있다는 것은 지식의 문제이지 믿음의 문제가 아니지 않습니까? 너무도 뻔한 일이기 때문입니다. 비록 내가 그곳을 가보지 않았어도 우리는 지식으로 그 사실을 알 수 있습니다. 사후생도 그런 것이라는 것이죠.

물론 그녀를 비판하는 사람들도 있었습니다. 사후생 같은 것은 모두 그릇된 환상이나 헛된 소망에 불과한 것이라고 말입니다. 그녀가 의사 사회에 있었으니 그녀의 주장에 반대하는 사람이 오죽 많았겠습니까? 그런 그들에게 그는 '어쨌든 그들도 죽을 때 (인간은 영의 형태로 사후에 계속 존재한다는 것을) 알게 될 것이다'라고 아주 단순하게 대꾸했습니다. 장황하게 응대할 필요를 느끼지 않은 것이지요.

그가 죽음을 보는 견해는 아주 간단합니다. 인간의 죽음은 육체(physical body)에서 영체(psychic body)로 전환되는 것뿐입니다. 비유를 들면 인간의 죽음이란 나비의 번데기가 허물을 벗고 나비가 되는 것과 같습니다. 그래서 그는 죽음이 얼마 남지 않은 아이들을 돌볼 때에 항상 애벌레 인형을 갖고 다녔다고 합니다. 이 인형은 뒤집으면 나비가 되는 그런 인형이었습니다. 아이에게 죽음은 끝이 아니라 새로운 시작이라는 것을 보여주려는 의도로 이 인형을 갖고 다닌 것이겠지요.

이 육체는 수명을 다하면 더 이상 쓸모가 없습니다. 흡사 봄이 와서 겨울 코트를 벗어버리는 것과 같습니다. 우리는 죽을 때가 되어 육체가 그 명을 다하면 더 높은 영의 상태로 진화하는 것입니다. 지상에 있는 번데기가 하늘을 나는 나비로 바뀌는 것과 같습니다. 이것이 그의 죽음관이었죠.

그런 그였기에 임종에 직면했을 때 '나는 은하수로 춤추러 간다. 죽음은 휴가를 떠나는 것과 같다'라는 말을 남겼다고 합니다. 그런데 그런 그도 말년에 뇌졸중(腦卒中), 즉 중풍 때문에 고생했던 모양입니다. 그의 장례식도 화제가 됐다고 합니다. 식장에서 관 위로 나비를 날렸는가 하면 참석했던 사람들 역시 봉투에 나비를 담아 와 그것을 날렸답니다. 그의 지인들은 그가 육체라는 '번데기'를 떠나 나비처럼 새로운 생명을 갖고 상위의 차원에서 자유롭게 있는 모습을 그렇게 표현하고 싶었던 것일 겁니다.

두 번째 의사는 버지니아 의과대학의 정신과에서 40년 이상을 의사로 재직했던 이안 스티븐슨(1918~2007)입니다. 이 분은 사후 세계에 대해 연구했다기보다 전생을 연구한 학자입니다. 그는 사람들이 왜 각기 다른 질병이나 성격, 태도 등을 갖고 태어나는가에 대해 관심을 갖고 전생을 연구했습니다. 종래 학계에서는 이

죽음은 고치를 벗고 나비가 되는 것과 같다고 서술하고 있는 로스의 책

이안 스티븐슨(Ian Stevenson)

것을 환경과 유전인자로 설명했는데 대부분의 경우는 이 두 요소로 사람의 차이를 설명할 수 있습니다. 그러나 이것으로 설명이 안 되는 것이 있는데 이럴 경우 이것은 전생의 영향으로 보아야 한다고 스티븐슨은 주장하고 있습니다.

예를 들어 3~4살밖에 안 된 어린 아이가 어른처럼 담배를 피우고 술을 먹으려 하는 태도를 보이면 이것은 환경이나 유전인자로 설명하기가 곤란합니다. 그런가 하면 어떤 사람은 자신이 전혀 배우지 않은 외국어를 지껄여대기도 합니다. 또 몸에 아무 이유 없이 반점이 있는 채로 태어나거나 심각한 장애를 갖고 태어나는 경우도 있습니다. 스티븐슨은 이런 경우는 모두 전생의 영향으로 설명하는 것이 합당할 것이라고 주장합니다.

스티븐슨이 전생을 연구했으니 여기에는 사후 세계의 개념이 당연히 들어가게 됩니다. 사후 세계의 존재를 인정해야 전생이라는 개념이 가능하게 되니 말입니다. 그가 행한 전생 연구의 특징은 철저한 검증에 있습니다. 그가 보기에 다른 전생 연구법들은 검증할 수 없다는 데에 큰 문제가 있었습니다. 종교에서 말하는 전생이든 신비가들이 말하는 전생이든 그것들은 검증할 수 없기 때문입니다.

그는 자신이 관찰한 현상을 검증하기 위해 대부분의 대상을 전생을 기억한다고 여겨지는 아이로 한정시켰습니다. 이 아이들은 4살 미만일 때 자신이 전생에서 어디서 살았고 가족으로는 누가 있었으며 죽을 때 어떻게 죽었는지에 대해 발설을 합니다. 그런데 이 아이들은 많은 경우 전생에서 죽은 지 얼마 되지 않았고 전생에 살았다고 하는 집도 그리 멀지 않은 곳에 있었습니다. 그러니 당연히 전생의 가족들이 살아 있는 경우가 많았습니다. 그러면 스티븐슨은 그 아이가 주장한 것이 사실인지를 검증하기 위해 그 아이의 전생 가족이나 지인들을 찾아가 면담합니다. 그렇게 해서 검증된 예들을 모아 그는 "전생을 기억하는 아이들"이라는 제목의 책을 출간하기도 했습니다.

그의 연구가 더 흥미진진한 것은 전생에 입었던 상처가 후생의 몸에 흔적을 남긴다는 주장을 한 점입니다. 예를 들어 어떤 사람이 머리에 총을 맞고 죽었다면 이때 생긴 상흔이 이번 생의 몸에 반점 같은 것으로 남는다는 것입니다. 이것을 좀 더 구체적으로 설명해보면, 총알이 들어간 자리와 나온 자리에 반점이 생긴다는 것이죠. 또 어떤 사람이 팔이 잘려 죽었다면 그 사람이 다음 생에 태어날 때 몸에 팔이 없는 채로 태어나는 경우도 있다고 합니다.

스티븐슨의 책 『환생과 생물학』

스티븐슨의 연구를 소개한 저자의 책 『인간은 분명 환생한다』

이런 이야기는 잘 믿어지지 않지만 이와 관련해서 스티븐슨은 220여 개 정도 되는 사례를 묶어 "환생과 생물학"이라는 제목으로 책을 출간해냈습니다. 이 책은 2,000쪽이 넘는 방대한 분량으로 여기에는 쉽게 믿을 수 없는 이야기들이 많이 실려 있습니다. 그의 주장이 사실인지 아닌지는 판단을 유보하겠습니다마는 그의 연구는 매우 과학적으로 이루어져 신빙성이 높다는 것이 가장 큰 장점이라 하겠습니다. 저는 이 사람의 연구를 모아 비교분석한 책(『인간은 분명 환생한다』)을 2017년에 출간한 바가 있으니 더 궁금한 분은 이 책을 참고하면 좋겠습니다.

세 번째 의사는 하버드대 의과대학에서 의사와 교수로 재직했던 이븐 알렉산더(1953~)라는 사람입니다. 그는 뇌의학의 권위자로서 의사답게 인간의 의식은 뇌의 작용에서 비롯된 것에 불과하다고 믿고 있었습니다. 그러니 당연히 영혼이나 사후 세계 같은 것은 존재하지 않는다고 굳게 믿고 있었지요. 그러던 차에 그는 2008년 박테리아성 뇌막염을 앓아 7일 간이나 뇌사 상태에 있게 됩니다. 그 뒤에 깨어났는데 그는 자신이 그 7일 간 체험한 것을 바탕으로 놀랄 만한 이야기를 하기 시작했습니다. 그는 이른바 근사체험을 한 것입니다.

그는 자신이 영혼의 형태로 천국에 갔다 왔고 그곳에서 영적으로 높은 존재를 만나 살아 있을 때에는 한 번도 들어보지 못한 지혜에 대해 배웠다고 실토합니다. 그는 이 체험을 바탕으로 『나는 천국을 보았다』라는 책을 썼는데 이 책은 2013년 당시 미국에서 아마존이나 뉴욕 타임즈에서 베스트셀러로 오랫동안 기록을 경신했다고 합니다.

이 체험으로 그는 인간의 의식은 뇌의 기능이 정지된 후에도 여전히 살아 있다는 주장을 하게 됩니다. 그리고 영적 체험 같은 것도 환상이 아니라 실제로 존재한다고 믿게 됩니다. 그의 주장은 단호합니다. 신은 존재

이븐 알렉산더(Eben Alexander)와 그의 책

하고 사후 세계는 있다는 것입니다. 사정이 이러하니 인간에게 영혼이 존재한다는 것은 당연한 일이겠지요. 그러다 그는 2016년에 아예 의사 일을 접고 영적인 지혜를 전파하는 일을 하고 있다고 합니다.

이렇게 자신의 직업을 바꾸는 것은 근사체험을 한 사람들에게 종종 일어나는 일입니다. 그들은 자신이 체험한 것이 너무나도 강렬하기 때문에 모든 것 다 접고 그 체험을 전파하는 쪽으로 인생의 방향을 바꿉니다. 자신이 아무리 돈을 많이 벌고 있어도, 또 아무리 높은 지위에 있어도 그런 것들은 우리의 삶에서 그다지 중요하지 않다는 것을 절감하게 됩니다. 그 대신 자신이 겪은 종교적 체험을 같이 나누는 것이 중요하다는 것을 깨닫게 됩니다. 이것은 진정한 의미에서 종교인이 되는 것이라고 할 수 있습니다.

이븐 알렉산더도 남들이 부러워하는 하버드대 의과대학에서 의사와 교수라는 직에 있었지만 그런 것은 중요하지 않다는 것을 알아차렸기 때문에 그 자리를 쉽게(?) 버릴 수 있었을 겁니다. 이런 일을 통해 우리는 그의 체험이 사실이고 그가 전한 체험담이 진실이라는 것을 알 수 있습니다. 이렇게 좋은 직업을 던져버린 것은 아무나 할 수 있는 일이 아니기 때문입니다.

네 번째 증거 — 최면을 통해

이것은 최면, 특히 역행 최면법을 통해 사후 세계나 환생(윤회)을 탐구하는 방법입니다. 이 분야에 종사하는 사람들은 '인간의 의식(영혼)은 자신이 겪은 모든 것을 기억하고 있다'는 신념을 갖고 있습니다. 그러니까 만일 인간이 환생을 거듭했다면 전생의 삶은 말할 것도 없고 삶과 삶 사이에 있는 이른바 영계에 있었던 기억도 다 갖고 있다는 것이 됩니다.

이 기억은 우리의 무의식 속에 깊숙이 저장되어 있기 때문에 평소에는 의식하지 못합니다. 그러나 최면 전공자들은 최면으로 우리의 무의식 속에 잠겨 있는 이 기억을 끄집어낼 수 있다고 주장합니다.

이 방법을 통해 인간이 환생한다는 것을 밝힌 사람 가운데 대표적인 이는 20세기 미국의 최고의 영능력자로 불렸던 에드가 케이시(1877~1945)라는 사람입니다. 그는 "잠자는 예언자(sleeping prophet)"라는 별명으로 더 이름이 난 사람입니다. 그가 이렇게 불린 이유는 스스로 자가 최면 상태에 들어가 특별한 정보를 캐냈기 때문입니다. 흡사 자는 것 같은 상태에서 보통의 사람들이 가질 수 없는 정보를 알아냈기 때문에 이런 별명으로 불린 것이지요.

케이시의 특별한 능력은 환자를 치유하는 것이었습니다. 그의 치료법은 독특했습니다. 그가 스스로 최면 상태에 들어가면 옆에서 누가 환자의 이름과 주소를 불러줍니다. 그러면 그가 그 환자를 고칠 수 있는 약이 무엇이고 그것이 어디에 있는지

에드가 케이시(Edgar Cayce)

최면 상태에서 알려줍니다. 그렇게 해서 수많은 환자를 고쳤는데 그는 그 이외에도 굵직한 예언을 많이 한 것으로도 잘 알려져 있습니다. 예를 들어 케네디 대통령의 암살이나 체르노빌 원전 폭발 같은 것을 예언해서 맞혔다고 하고 또 일본 열도가 침몰할 것이라는, 아직은 그 결과를 모르는 예언을 한 바 있습니다.

이런 초능력 때문에 그는 당시 미국 대통령이었던 윌슨에게 불려가 자문을 해주기도 했습니다. 그런 그가 어느 날 최면 상태에서 어떤 환자의 병의 원인에 대해 살펴보고 있었는데 그때 그는 인간이 생을 바꾸면서 거듭 태어난다는 사실을 알게 됩니다. 그리고 병의 원인 가운데에는 전생에 행한 악행도 포함된다는 사실을 발견하게 됩니다. 그래서 그 악행에 대해 참회하고 진정으로 뉘우쳐야 치료가 된다고 주장하게 됩니다.

전생을 인정했으니 그는 사후 세계를 인정한 것이나 다름없습니다. 그는 경건한 기독교인이었음에도 불구하고 윤회 혹은 환생을 인정했습니다. 그는 또 '라이프 리딩'을 통해 환자를 치료할 때에도 환자로부터 돈을 많이 받지 않았다고 합니다. 여러 가지 정황을 보면 그는 고결한 인격을 지닌 인물로 보이는데 그런 사람이 사후 세계나 인간의 환생에 대해 이야기하고 있으니 믿을 만하지 않겠습니까?

마이클 뉴턴(Michael Newton)

그 다음 사람은 마이클 뉴턴이라는 사람입니다. 이 사람 역시 최면으로 내담자를 상담했는데 이 이가 주력을 기울였던 부분은 영계였습니다. 그는 내담자들을 최면으로 영계로 보낸 다음 그들이 영혼의 상태에서 어떤 삶을 살고 있었는지에 대해 직시하게 해줍니다.

그러니까 이번 생에 태어나기 전에 영계에서 본인이 어떤 생각을 갖고 있었는지를 알게 해 주는 것입니다. 내담자로 하여금 최면 상태에서 그것을 스스로 발견하게 해주는 것이지요.

이 체험을 통해 내담자는 자신이 이번 생에 어떤 목적을 갖고 태어났는지를 알게 됩니다. 최면 상태에서 자기 스스로 발견하는 것이지요. 이 체험은 그로 하여금 현생의 삶을 돌아보게 해 자신의 삶이 어떻게 바뀌어야 하는지 깨닫게 해줍니다. 그리고 현재의 삶이 지니고 있는 진정한 의미를 발견하게 됩니다. 이렇게 되면 그는 지상에서 바쁜, 그리고 경쟁적인 삶을 사느라 잊어버린 삶의 진정한 의미에 대해 각성하고 현재의 삶을 충실하게 살게 됩니다.

그는 이러한 체험을 바탕으로 그만의 독특한 LBL(Life Between Lives) 요법을 만들어냅니다. 생 사이의 삶, 즉 전생과 현생의 사이에 있는 영계에서의 삶을 알려줘 영혼으로 있었을 때의 삶이 우리를 어떻게 변화시켜 줄 수 있는지를, 또 지상에서의 삶이 끝나면 영계에서 어떤 삶이 시작되는지를 알려주어 내담자들에게 새로운 희망을 주었습니다. 만일 우리가 영계에서 어떤 생각을 갖고 있다가 이번 생에 왔는지를 알게 된다면 이번 생에서 헤매지 않고 살 수 있지 않겠습니까?

그는 40년 간 이 같은 최면 요법을 써서 영계에 대해서 많은 사실을 밝혀냈습니다. 그가 우리에게 제공해준 정보는 사후 세계가 존재한다는 것은 기본이고 영혼은 '에너지체'라느니 천국이나 지옥은 없고 심판은 자기가 한다느니 하는 고급 정보였습니다. 또 영혼에는 등급이 있고 영계에는 비슷한 급의 영혼들이 사는 큰 그룹이 있고 그 안에 다시 무수한 소그룹이 있다고 주장하기도 했습니다.

이 정보들은 모두 내담자들을 역행 최면해서 얻어낸 것인데 대부분 고등 종교에서 말하는 것이나 신비가들이 주장한 것과 일치했습니다. 그런데 이런 식의 주장은 약점이 있지요. 검증할 수 없다는 것입니다. 내담자가 영계에서 무슨 생각을 했는지 어떻게 검증할 수 있겠습니까? 그러나 내담자들에게는 이런 접근 방법이 확실한 효과가 있었기에 한 번 소개해 본 것입니다.

다섯 번째 증거 — 근사체험자들의 생생한 증언

이제 사후 세계가 존재한다는 마지막 증거, 다섯 번째 증거에 대해 볼 차례입니다. 이 증거는 가장 유력한 증거로 근사 체험을 통해서 알 수 있는 정보입니다. 근사 체험은 이제는 꽤 많이 알려져 있습니다. 근사 체험은 사고나 수술 등 뜻하지 않은 사건을 당해 의학적으로 사망 선고 받은 사람이 다시 깨어나서 자신이 탈혼 상태에서 겪은 체험을 일컫는 말입니다.

이때 죽었던 시간은 사람마다 차이가 나는데 보통은 5~15분 정도가 제일 많은 것 같습니다. 그런데 뇌에는 5분 정도만이라도 산소가 공급되지 않으면 치명적인 손실을 입는 것으로 알려져 있습니다. 이때 입은 손실은 거의 회복되지 않는다는 것이 의학계의 중론입니다. 그런데 근사 체험자들은 수 분은 보통이고 하루, 어떤 때는 수일 동안 죽은 채로 있다가 다시 깨어나는 경우도 있습니다. 물론 이런 예는 아주 드문 경우이긴 합니다마는.

이들의 체험에 대해서는 뒤에서 다시 자세하게 보니 여기서는 그 대강만 보기로 하겠습니다. 이 체험에서 제일 중요한 것은 보통 유체이탈로 불리는 체외이탈 체험입니다. 이것은 본인이, 더 정확하게는 본인의 영혼이 몸을 빠져 나가 자신의 몸과 그 주변에서 일어난 일을 목격하는 체험을 말합니다. 우리의 육체가 크게 망가져 더 이상 영혼을 잡고 있지 못하게 되면 영혼은 지체 없이 육체를 빠져나가게 됩니다. 이것이 바로 죽음인데 근사 체험자들은 어떤 이유인지 몰라도 이 영혼이 다시 육체로 돌아온 사람들을 말합니다.

이들의 체험이 소중한 것은 그 체험을 과학적으로 검증할 수 있기 때문입니다. 예를 들어 수술을 받다가 체외이탈을 한 사람은 탈혼해 그 수술실의 상황을 모두 주목하고 그것을 나중에 깨어나서 의료진에게 말합니다. 이 발언에 대해 처음에는 의료진이 믿으려 하지 않

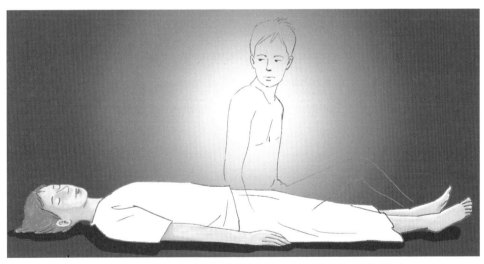

자신의 몸을 바라보는 근사체험자들의 모습과 증언

지만 그들이 전하는 정보가 정확한 것을 발견하고 결국 그들도 믿게 됩니다. 수술에 참여한 의사나 간호사의 이름을 기억하는 경우도 있고 수술실 안에 있던 여러 도구들의 위치나 그것들이 어떻게 쓰였는지에 대해 생생하게 증언하기 때문에 믿지 않을 수 없게 되는 것이지요.

병원에서만 이런 일이 발생하는 것은 아닙니다. 큰 사고를 당해 죽음을 선고 받은 사람들도 같은 증언을 합니다. 자동차에 치여 그 자리에서 죽은 사람의 경우 그는 곧 탈혼 상태가 되어 만신창이가 된 자신의 몸을 바라봅니다. 처음에는 그 몸이 낯설어 누군가 하지만 곧 그게 자기인 줄 알고 자기에게 큰 변화가 온 것을 눈치 챕니다. 그러다 구급차가 오고 구급대원이 자신에게 심폐소생술 하는 것을 목격합니다. 나중에 깨어났을 때 이 사람은 구급차의 번호나 구급대원의 이름을 기억하는 경우도 있습니다.

근사체험은 이렇게 진행되기 때문에 그들의 체험은 객관적으로 옳은 것으로 판명되고 그 결과 사람들은 그들이 영혼 상태로 존재했다는 것을 인정하게 됩니다. 이런 경험을 한두 사람이 했으면 모르지만 수백만 명이나 되는 사람들이 했으니 사람들 역시 더 이상 의심을 가질 이유를 갖지 못합니다. 그렇게 많은 사람이 같은 체험을 보고하니 그것을 사실로 받아들일 수밖에 없는 것입니다.

지금까지 우리는 영혼과 사후 세계가 존재한다는 것을 밝혀주는 유력한 증거에 대해 살펴보았습니다. 그 다음 단계는 직접 영혼이나 사후 세계를 탐구하는 것인데 그 전에 잠깐 검토하고 싶은 사안이 있습니다. 앞으로 우리가 영혼이 존재한다는 것을 밝히려고 한다면 이 영혼(혹은 의식)

이 육신과 별도로 존재할 수 있다는 것을 보여주어야 합니다. 다음 부분에서 바로 그 문제를 간단하게 파헤쳐 보려고 합니다.

우리의 의식은 뇌와 별도로 존재한다!

　여기서 우리가 중점적으로 보고 싶은 것은 뇌(육체)와 의식(영혼)의 관계에 대한 것입니다. 영혼이 존재한다는 것은 우리의 영혼이 뇌가 없어도 독자적으로 존재한다는 것을 의미하기 때문에 이 두 요소의 관계를 규명하는 것은 매우 필요한 일입니다. 이것을 조금 더 구체적으로 말하면 많은 사람들은 뇌가 멈추면 의식이 없어진다고 생각하고 있는데 과연 그것이 사실인지 알아보자는 것입니다.

　현대에 과학적인 사고를 하는 사람들은 우리의 의식은 뇌의 작용에 불과하다는 생각을 많이들 하고 있습니다. 그래서 뇌가 작동을 멈추면 우리의 의식이 완전히 소멸된다고 믿고 있지요. 물론 그런 경우가 많은 것처럼 보입니다. 그러나 그렇지 않은 경우가 종종 발견되기 때문에 이 생각이 절대적으로 맞는다 할 수 없습니다.

　우리의 의식이 뇌의 작용에 불과하다고 주장하는 사람 중에는 특히 의사가 많은데 그것은 그들이 유물론에 입각한 교육을 받았기 때문입니다.

그런데 20세기 후반에 들어오면서 인간의 의식은 뇌가 만들어내는 것이 아니라 독자적으로 존재한다고 주장하는 의사들이 나오기 시작했습니다. 대표적인 사람은 앞에서 본 퀴블러 로스나 스티븐슨, 그리고 이븐 알렉산더입니다.

그들은 우리의 뇌란 의식을 만들어내는 곳이 아니라 의식과 물질계를 연결하는 매개체에 불과하다는 주장을 합니다. 그들이 가장 많이 드는 예는 TV 수상기입니다. 인간의 뇌를 이 수상기에 비유한 것입니다. 우리의 눈에는 방송국에서 송출되는 전파가 보이지 않습니다. 우리가 이 프로그램 전파를 보려면 반드시 TV 수상기를 거쳐야 합니다. 그래서 이 수상기를 두고 매개체라고 한 것입니다. 우리는 이 TV 수상기를 거치지 않으면 그 많은 재미있는 프로그램을 볼 수 없습니다.

그런데 만일 수상기가 고장 났다고 합시다. 그러면 우리는 더 이상 프

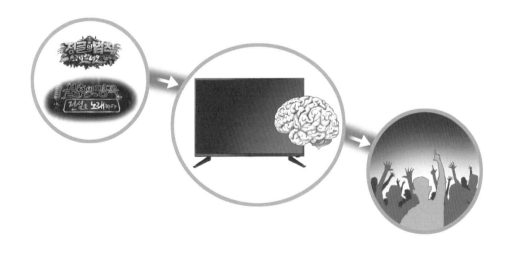

뇌는 TV 수신기에 비교할 수 있다.

로그램을 볼 수 없습니다. 그러나 그렇다고 해서 프로그램 전파가 없어진 것은 아닙니다. 전파는 수상기와 관계없이 독자적으로 존재하기 때문입니다. 그러다 수상기를 고치거나 다른 수상기를 가져오면 다시 프로그램을 볼 수 있습니다. 그러나 그렇다고 해서 어느 누구도 이 수상기가 프로그램 전파를 만든다고 생각하지 않습니다. 이 전파가 방송국에서 송출되었다는 것은 삼척동자도 압니다.

앞에서 인용한 의사들은 우리의 뇌와 의식(영혼)의 관계도 이와 비슷하다고 주장합니다. 일상적인 삶 속에서 우리의 의식은 뇌를 통하지 않고서는 그 어떤 것도 알 수 없습니다. 그래서 뇌가 심하게 망가지면 의식을 가질 수 없게 되어 아무 것도 인지하지 못하게 됩니다. 그러다 뇌가 다시 작동하면 의식이 되돌아옵니다. 바로 이것 때문에 사람들은 우리의 뇌가 의식을 만들어낸다고 생각하는데 그것이 아니라는 것은 누누이 말했습니다. 우리는 이 사실을 근사체험자들의 증언을 통해 확실하게 알았습니다.

이들의 주장을 정리해보면 다음과 같이 말할 수 있습니다. 우리의 의식은 TV 프로그램 전파가 수상기와 무관하게 존재하는 것처럼 뇌와는 무관하게 존재합니다. 우리가 뇌를 필요로 하는 이유는 지상과 같은 물질세계에 살기 때문입니다. 눈에 안 보이는 의식은 물질계에서는 느낄 수 없습니다. 우리가 의식을 감지하기 위해서는 반드시 물질인 뇌가 매개를 해주어야 합니다. 그러다가 육신을 여의면 그래도 그 의식은 여전히 남습니다. 흡사 TV 수상기가 없더라도 프로그램 전파는 그대로 존재하는 것처럼 말입니다. 이상이 아주 간단하게 본 우리의 의식과 뇌의 관계입니다.

이 장을 끝내기 전에 참고로 이 주제에 관해 윌리암 제임스(1842~1910)

가 이야기한 것을 들어 보겠습니다. 이 분은 미국을 대표하는 가장 저명한 철학자이라 많은 이야기 거리가 있지만 여기서는 그가 이 주제에 관해 말한 것에 대해서만 보겠습니다. 이 분은 뇌를 여러 색이 있는 유리에 비유했습니다. 여기에 빛을 비춘다고 생각해 보십시오, 그러면 그 빛은 유리가 지닌 색깔을 띠게 됩니다. 이처럼 유리는 그것을 통과하는 빛의 색깔을 결정합니다. 그러나 유리가 빛 자체를 만들어내는 것은 아니라는 것은 어느 누구도 알 수 있습니다. 이와 마찬가지로 뇌는 여러 생각들을 조절할 수 있지만 생각 그 자체를 만들어내지는 못한다는 것이 그의 지론입니다.

다시 말해 우리의 뇌는 생각을 승인하고 전달하는 역할만 하지 그 이상의 기능을 갖고 있는 것은 아니라는 것입니다. 그러면서 그는 조심스럽게 육체(뇌)가 소진되었을 때 인간의 의식이 살아남는다는 것은 그리 이상한 일이 아닐 것이라고 자신의 의견을 피력했습니다.

이 정도면 사후 세계의 존재를
받아들여야?

지금까지 우리는 우리의 영혼이 존재하고 사후 세계가 존재한다는 데
에 대한 유력한 증거 5가지를 살펴보았습니다. 이런 설명을 들어도 사후
세계를 받아들이지 못할 분이 있을까요? 사후 세계를 부정하는 사람들은
이런 정보를 접하지 못한 사람들이 대부분입니다. 제대로 알아보지도 않
고 주위 사람들이 말하는 것을 따라 사후 세계 같은 것은 없다고 주장하
는 경우가 많습니다.

게다가 지금까지 본 증거들은 마구잡이식의 정보가 아닙니다. 이 정보
들은 매우 논리정연하고 수미가 일치하게끔 정리되어 있습니다. 이 정보
를 알려주었던 사람들은 어떤 종교 교리나 이념에 치우치지 않고 나름대
로 객관적인 태도를 유지하면서 자신의 주장을 전달하려고 노력했습니
다. 그런데도 이 이야기들을 받아들이기 힘든 사람들이 있다면 그런 사람
들에게는 다음과 같이 말하고 싶군요.

영혼이나 사후 세계를 부정하는 사람들은 위의 이야기들을 모두 인간

의 헛된 소망에 불과한 것이고 환상이라고 치부(置簿)합니다. 그렇다면 그들은 다음의 사안을 설명할 수 있어야 합니다. 위에서 살펴 본 증거들은 대부분 같은 이야기를 하고 있는데 이것을 어떻게 설명할 수 있느냐는 것입니다. 다시 말해 위에서 검토한 정보들이 한갓 사람들의 소망이나 환상에 불과한 것이라면 어떻게 모든 설명이 동일할 수 있느냐는 것입니다. 이것들이 모두 환상에 불과한 것이라면 그 설명에 일관성이 없어야 하고 모순이 있어야 합니다. 그런데 그런 것은 하나도 발견되지 않았습니다, 오히려 그 반대입니다. 여러분들도 제 의견에 동의할 것으로 생각합니다.

한 걸음 더 나아가 우리는 이런 질문을 던질 수 있습니다. 만일 어떤 사람이 위에서 말한 저 체험들이 모두 환상이라고 주장하고 싶다면 그는 이 체험들이 환상이라는 것을 증명해야 합니다. 그것이 증명되면 우리는 그의 의견을 따를 것입니다.

위에서 우리는 인간에게는 영혼이 있고 그 영혼은 육체가 수명을 다하면 육신을 벗어나 그들의 세계인 영계로 간다고 했습니다. 만일 이 견해가 환상이라고 생각한다면 객관적인 방법으로 이 모든 게 환상이라는 것을 증명해야 합니다. 그렇지 않고 그냥 감정적으로 '그 체험들은 다 환상이야'라고 할 수는 없습니다.

자, 이렇게 많은 이야기를 해도 여러분들은 여전히 의문이 남고 무엇인가 부족하다는 느낌이 들 것입니다. 이 시점에서 사후 세계에 대해 확실한 정보를 제시하기 위해 앞에서 본 근사체험을 조금 자세하게 설명해보려 합니다. 이 근사체험을 검토할 때 우리는 어떤 신앙이나 이념에도 치우치지 않고 저명한 학자나 의사들이 꼼꼼하고 과학적으로 연구한 결과를 바탕으로 살펴볼 것입니다. 그래서 이 설명은 신빙성이 아주 높습니다. 그럼 여러분! 이제 같이 죽음을 넘어선 세계로 천천히 걸음을 내딛어 볼까요?*

그 다음에는 유튜브에 역시 'Hans Wilhelm'이라고 쳐보세요. 그러면 수십 개의 동영상이 뜰 겁니다. 이 사람은 아동 그림 작가인데 사후 세계나 환생뿐만 아니라 자살, 수호령, 빙의 등 수많은 주제에 대해 아주 쉽게 설명하고 있습니다. 특히 이 사람은 그림 작가답게 자신이 직접 그림을 그려가면서 설명해주고 있어 이해가 훨씬 잘 됩니다. 이 영상도 대부분 자막이 제공되니 자막과 함께 보면 이해하는 데에 그다지 큰 어려움을 느끼지 않을 겁니다.
이 이외에도 유튜브에는 사후 세계나 환생에 대해 수많은 영상들이 있으니 잘 선정해서 보시기 바랍니다. 여러분들이 생각하는 것보다 훨씬 많은 다양한 동영상이 있으니 잘 조사해 보면 큰 도움을 받을 수 있을 겁니다.

사후 세계로
들어서기

– 근사체험자들의 증언을 통해

2

1. 드디어 빗장을 연 사후 세계

    1970년대 중반에 이르러 인류는 굳게 닫혀 있던 사후 세계를 향해 문을 열기 시작했습니다. 인류 역사상 처음으로 사후 세계에 대한 논의를 공론화 하고 과학적인 연구를 하기 시작한 것입니다. 이것은 앞에서 본 것처럼 근사체험을 연구하면서 시작된 현상입니다.

    근사체험은 영계에 완전하게 진입한 다음에 겪는 체험은 아닙니다. 이 체험은 영혼이 육신을 빠져나가 영계에 들어가기 직전까지의 체험을 말합니다. 그러나 우리는 이 체험을 통해 영계가 어떻게 생겼고 어떤 원리로 돌아가는가에 대한 기본적인 정보를 얻을 수 있습니다.

    이 체험에 대한 연구는 그저 그런 이들이 연구한 것이 아니라 학계에서 정식으로 훈련받은 학자들에 의해 행해졌습니다. 그들의 연구 태도는 매우 객관적이었고 진지했으며 아주 세심했습니다. 이 때문에 사후 세계에 대한 연구는 더 이상 비과학적이거나 미신에 불과하다는 경멸을 받지 않게 됩니다. 물론 유물론자들이나 회의론자들로부터는 비난과 무시가 끊이지 않았지만 그보다는 동감하는 사람들이 훨씬 많습니다.

근사체험 연구의 효시 — 무디(Moody)와 링(Ring)

레이몬드 무디 주니어(Raymond A. Moody, Jr.)와 그의 첫 번째 저서

1970년대 중반 이후부터 학자들이 근사체험에 대한 연구를 시작한 것은 인류 역사상 처음으로 있는 일이라고 했습니다. 이것을 처음으로 시작한 학자는 잘 알려진 것처럼 레이몬드 무디 2세(1944~)입니다. 이 분은 1975년에 『Life After Life(잠깐 보고

온 사후의 세계)』라는 근사체험 연구서를 내면서 전 세계적인 주목을 받게 됩니다. 이 책의 서문은 그 유명한 퀴블러 로스 박사가 썼지요. 그는 또 이 근사체험(임사체험, near-death experience)이라는 용어를 처음으로 만든 사람으로 이름이 높습니다.

그는 원래 철학과 교수였습니다. 철학과에서 죽음과 관련된 강의를 하던 중 근사체험을 했다고 주장하는 학생들을 자꾸 만나게 됩니다. 그는 이 학생들의 체험들이 모두 유사하다는 것을 발견하고 정식으로 연구하기 위해 아예 의학 공부를 새로 시작해 정신과 의사가 됩니다. 죽었다 살아나온 환자를 만나려면 의사가 되는 것이 필수적이라고 생각한 것입

니다.

　의사가 되어 그는 근사체험을 했다고 하는 사람들의 사례를 약 150개 정도 수집합니다. 그 가운데 50여개를 다시 엄선해 그것을 가지고 쓴 책이 바로 앞에서 본 책입니다. 이 책은 인간이 죽은 뒤에, 더 정확하게 말하면 영혼이 육신을 벗어났을 때 어떤 일이 벌어지는가에 대한 것입니다.

　이 책이 출간되자 전 세계적으로 반향이 대단했습니다. 많은 외국어로 번역된 것은 물론이고 또 수백 만 명이나 되는 사람들이 자신도 같은 체험을 했다고 주장하기 시작했습니다. 이를 테면 '커밍아웃'을 한 것이시요. 이들은 자신도 근사체험으로 보이는 엄청난 체험을 했지만 주위로부터 무관심이나 무시만 당한 나머지 가슴에만 담고 있다가 무디의 책이 출간되니 그제야 이야기하기 시작한 것입니다. 그동안 말하지 못한 체험들을 말할 수 있게 되니 얼마나 좋았겠습니까?

　한 번 이렇게 영계에 대한 연구가 봇물이 터지자 그 다음부터는 많은 학자들이 연구에 착수했습니다. 그래서 그들은 국제근사연구학회(International Association for Near-Death Studies)라는 학회를 만들어 본격적인 연구를 시작했습니다. 이 학회는 지금도 학회지인 "근사연구학회지(Journal of Near-Death Studies)"를 통해 연구를 활발하게 행하고 있습니다. 이 학회에는 의사, 심리학자, 종교학자, 교육학자 등 다양한 전공의 학자들이 참여해 활동하고 있습니다.

　사실 근사체험을 진정한 의미에서 처음으로 과학적인 방법으로 접근한 사람은 미국 코네티컷 대학의 심리학과 교수인 케니스 링(1936~)이라는 사람입니다. 그는 1980년에 출간한 『Life at Death(죽음 앞의 삶)』라는 저서에서 약 100명에 달하는 근사체험자를 대상으로 조사하고 분석했습니다. 그는 과학적인 통계학적인 방법을 써서 근사체험을 하지 못한 사람을 대조군으로 삼아 근사체험자들의 체험에 대해 주도면밀한 조사를 행했습니다.

전문 의학지에 처음으로 실리는 근사체험 연구 ― 의사 롬멜의 연구

그 뒤에 나온 수많은 연구를 여기서 다 다룰 수는 없습니다. 전문적인 연구도 많고 이 주제와 연관이 있는 책도 대단히 많기 때문입니다. 앞에서 다룬 이븐 알렉산더의 책 같은 것도 있지만 그것은 연구서라고 할 수 없습니다. 학술적인 연구서라기보다는 그의 경험 보고서 정도로 보면 되겠지요. 이 책의 의미는 그가 의사로서 근사체험을 하고 사후 세계의 존재를 확신했다는 데에서 찾을 수 있을 것입니다.

그러나 그 많은 연구 중에 빼놓을 수 없는 것이 있습니다. 이것은 핌 반 롬멜(1943~)이라는 네덜란드의 심장전문의가 행한 연구입니다. 롬멜은 20년 이상 동안 심장 정지를 당한 환자 중에 근사체험을 한 사람들을 대상으로 연구를 했습니다. 이런 일은 의사만이 가능한 것이겠지요. 그리고 그 결과를 논문으로 써서 『The Lancet』라는 의학전문지에 2001년에 발

핌 반 롬멜(Pim Van Lommel)과 의학 학술지 『란셋』

표합니다.

이 사건은 근사체험의 연구에서 매우 중요한 전기가 되었다고 할 수 있습니다. 그것은 근사체험에 대한 연구가 전문적인 의학 학술지에 처음으로 실렸기 때문입니다. 이 란셋이라는 학술지는 100개가 넘는 의학 관계 국제학술지 중 최고(top) 3개 중의 하나로 꼽히는 학술지라고 합니다. 따라서 이 잡지는 대단히 권위적인 학술지라는 것을 알 수 있습니다. 이런 잡지에 근사체험에 대한 연구 논문이 실렸다는 것은 무엇을 의미하는 것일까요? 이것은 넘하기 싹이 없는 기성 의학 학계에서 근사체험을 더 이상 환상으로 보지 않고 의학의 연구 대상일 뿐만 아니라 진실한 인간의 경험으로 인정했다는 것을 의미합니다.

롬멜은 이 논문을 바탕으로 2007년에 『Eindeloos bewustzijn(영원한 의식)』이라는 책을 냈고 이 책은 2010년에 "Consciousness Beyond Life-The Science of the Near-Death Experience(생명을 넘어 존재하는 의식—근사체험의 과학)"이라는 제목으로 영어로 번역됩니다. 이 연구 저서 역시 근사체험의 연구에서 한 획을 긋는 연구로 각광 받고 있습니다.

이 정도면 근사체험에 대한 연구가 어떻게 진행되고 있는지 알 수 있으리라 생각됩니다. 이에 대한 정보가 더 필요한 분은 제가 2006년에 펴낸 『죽음, 또 하나의 세계』를 보면 됩니다. 이 책은 근사체험을 학술적으로 접근한 책으로 맨 뒤에 참고문헌이 있습니다. 국내의 연구와 더불어 국제적인 문헌이 필요한 분은 앞에서 말한 국제근사연구학회의 홈페이지에 들어가면 더 많은 자료를 만날 수 있습니다. 근사체험의 연구에 대한 탐색은 이것으로 마치고 이제 근사체험 자체가 무엇인지에 대해 보기로 합니다.

2. 근사체험의 내용과 그 단계들
— 영혼의 세계로 들어가며

근사체험의 내용을 보면 우리의 영혼이 육신을 빠져나가 다시 돌아오는 그 큰 틀에 대해 학자들은 대개 같은 의견을 표합니다. 다른 점이 있다면 근사체험의 단계를 어떻게 나누느냐는 것입니다. 학자들마다 나누는 단계의 수가 조금씩 차이가 있습니다. 앞에서 본 무디는 11단계로, 링은 5단계로, 롬멜은 10단계로 각각 근사체험의 단계를 나누었습니다. 여기서는 학자들의 전문적인 연구를 다 소개하지 않고 가장 간단하게만 보려합니다. 핵심적인 단계만 추려서 보겠다는 것이지요. 그랬더니 이 단계를 3~4단계로 축약시킬 수 있었습니다.

첫 번째 단계 — 체외 이탈

첫 번째 단계는 앞에서도 많이 거론한 체외 이탈 단계입니다. 이것은

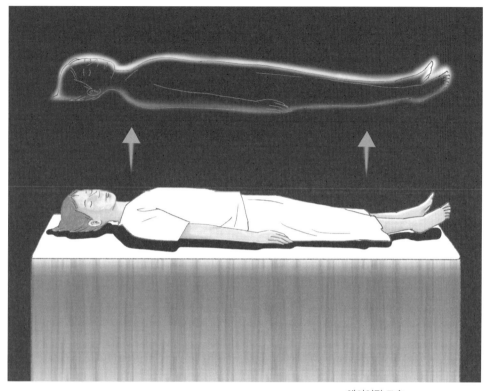

체외이탈 모습

말할 것도 없이 영혼이 몸에서 벗어나는 체험입니다. 이 체험을 전후로 우리는 마음이 아주 편안해지는 것을 느끼는 경우가 많습니다. 예를 들어 물에 빠진 사람의 경우 처음에는 물이 폐에 차 아주 답답하지만 곧 마음이 편안해진다고 합니다. 그러나 자동차 사고처럼 갑자기 사고를 당하면 편안함을 느낄 시간이 없겠지요. 그러나 이 경우에도 일단 몸에서 영혼이 빠져 나오면 마음이 아주 편안해진다고 합니다. 이런 느낌과 더불어 육신을 빠져나온 영혼은 자신의 몸을 보게 됩니다.

　이에 대한 예는 수도 없이 많아 더 들 필요도 없습니다. 근사체험을 다룬 책에는 이런 예가 아주 많이 나와 있습니다. 그 중에 극적인 것을 하나 들어볼까 합니다. 이 이야기는 앞에서 거론한 퀴블러 로스 책(『사후생』)에 나옵니다.

어떤 인디언 여인이 뺑소니차에 치여 거의 죽게 되었습니다. 그런데 마침 행인이 있어 그 여인에게 다가가자 그녀는 그에게 작은(?) 부탁을 합니다. 700마일(약 1,120km)이나 떨어져 있는 자신의 어머니에게 자신은 지금 아버지와 함께 있어 행복하다고 전해달라는 부탁을 한 것입니다. 그리곤 여인은 곧 숨졌는데 이 행인은 여인에게 감동한 나머지 그 먼 길을 가서 그녀의 모친에게 이 소식을 알립니다. 그때 그는 그녀의 어머니로부터 그녀가 죽기 한 시간 전에 그의 아버지가 죽었다는 이야기를 듣습니다.

이런 예는 체외이탈 체험이 환상이 아니라 사실이라는 것을 주장할 때 많이 인용됩니다. 이 여인은 자신의 아버지가 죽은 줄 모르고 있었습니다. 이것은 당연한 것입니다. 불과 한 시간 전에 아버지가 죽었으니 아직 그 소식을 접하지 못했을 것이기 때문입니다. 그런데 자신이 이제 사고로 몸을 벗을 때가 되자 아버지의 영혼이 와서 그녀를 기다리고 있는 것을 보게 됩니다. 자신도 곧 몸을 벗게 되니 자신보다 조금 일찍 몸을 벗은 영혼을 알아보는 것입니다. 이것은 영혼이 존재하지 않으면 설명할 수 없는 사건이라고 하겠습니다.

비슷한 예가 하나 더 있는데 이것도 이 체외이탈 체험이 진실이라는 것을 주장할 때 많이 인용되는 예입니다. 어떤 여자 아이가 근사체험을 했는데 깨어나서는 영계에서 오빠를 만났다고 주장합니다. 그 오빠가 자신을 아주 부드럽고 사랑스럽게 대해주어 잊을 수가 없다고 아빠에게 말합니다. 그러면서 이 아이는 '나는 오빠가 없는데 어떻게 된 것인가' 하고 아빠에게 묻습니다. 이 질문에 아빠는 울음을 터트리면서 딸에게 '네가 태어나기 3개월 전에 죽은 오빠가 있었다. 그러나 우리는 그 사실을 너에게 말하지 않았다'라고 말합니다. 이 경우도 앞의 예와 비슷하지요? 이 아이의 오빠(의 영혼)가 동생을 마중 나온 것입니다.

이 같은 사건들은 영혼이 존재하지 않으면 설명할 수 없는 것들입니다. 그리고 이 물질계와는 확연히 다른 영혼들의 세계[사후 세계]가 있어야 설명이 가능합니다. 나중에 다시 보겠지만 이 세계는 파동으로 구성되어 있습니다. 그래서 지상에서 어떤 사람이 숙을 때가 뇌면 가족처럼 _1와 아주 가까웠던 영혼들은 그 파동을 감지하고 마중을 나온다고 합니다. 또이 세계는 지상에서 통용되는 시간과 공간 개념이 없다고 합니다. 어떤 곳을 생각하면 생각하는 순간 즉시 그곳으로 간다고 합니다. 그래서 지상에서 가까운 가족이나 친지가 죽을 때 그의 파동을 접하면 즉시 그가 있는 곳으로 가게 되는 것입니다.

노래 '천의 바람이 되어'의 교훈

이쯤에서 노래 하나가 생각이 나는군요. 쉬어가는 셈치고 노래 하나를 듣지요. 아주 아름다운 노래인데 일본에서 크게 유행한 노래입니다. 제목은 '천(千)의 바람이 되어'이고 원래는 북미 인디언들의 노래였다고 하는 등 그 원 작곡자는 알지 못합니다. 이 노래는 가사가 아주 아름답습니다. 가사는 다음과 같습니다.

나의 무덤 앞에서 울지 마세요.

거기에 난 없습니다. 잠들어 있지 않습니다.
수없이 많은(千) 바람이 되어(천의 바람이 되어)
저 넓은 하늘을 날고 있습니다.

가을에는 빛이 되어 밭에 내리고
겨울에는 다이아몬드처럼 반짝이는 눈이 되고
아침에는 새가 되어 당신을 깨워드릴게요.
밤에는 별이 되어 당신을 지켜볼게요.

나의 무덤 앞에서 울지 마세요.
나는 죽은 것이 아닙니다.
천의 바람이 되어
저 커다란 하늘을 넘고 있습니다.

　　이 곡은 자신이 몸을 벗은 다음의 상황을 아주 시적으로 표현하고 있습니다. 가을에는 빛이 되고 겨울에는 눈이 되고 아침에는 새가 되고 밤에는 별이 되어서 항상 당신을 지켜보겠다고 하니 이 얼마나 낭만적입니까?

　　이 가사에서 제일 중요한 것은 무덤 앞에서 울지 말라는 것입니다. 왜냐하면 그 안에 있는 것은 생명이 없는 시신이라 내 영혼은 더 이상 그곳에 있지 않기 때문입니다. 나는 그 작은 무덤에 있는 것이 아니라 수많은 바람이 되어 자유롭게 다니면서 당신과 항상 함께 할 것이라고 말하고 있습니다. 이 노래의 가사는 인간에게는 영혼이 있고 이 영혼은 육신과 별도로 존재한다는 우리의 입장을 지지하고 있습니다.

그런데 재미있는 것은 이 노래가 한국에서 불릴 때는 가사가 조금 바뀌었다는 것입니다. 한국 가수들은 가사 앞부분에 나오는 '나의 무덤 앞'이라는 부분을 '나의 사진 앞'으로 바꾸어 불렀습니다. 이것은 아마도 한국인들이 무덤이나 시신 같은 단어를 싫어한다는 노파심에서 그렇게 바꾼 것 같습니다. 그러나 가사를 그렇게 바꾸면 이 노래의 본뜻이 드러나지 않습니다. 이렇게 하면 이 노래를 부르는 의미가 퇴색됩니다.

여기서 제가 이 노래의 가사를 원곡에 맞추어 소개하는 것은 바로 이런 이유에서입니다. 이 노래를 아는 분들에게 정확한 가사를 알려드리고 이 가사가 얼마나 멋있게 인간의 죽음을 이야기하고 있는가를 알리려고 이 노래를 소개해보았습니다.

두 번째 단계 — 이른바 터널 체험

두 번째 단계는 터널 체험입니다. 몸을 벗어난 영혼은 아주 먼 곳에서 엄청나게 환한 빛을 보게 됩니다. 그 빛이 있는 곳까지는 터널 같은 것이 있어 그 안을 지나가게 됩니다. 그래서 터널 체험이라고 하는 것이지요.

이때 영혼은 그 빛을 향해 엄청나게 빠른 속도로 움직이게 됩니다. 사람에 따라 터널 말고 동굴이나 나무통, 계곡 같은 것을 통과하는 것처럼 느끼는 경우도 있습니다. 중요한 것은 어떤 통로를 따라 움직인다는 것입니다.

그곳에 당도하면, 혹은 가는 과정에서 우리는 우리보다 먼저 타계한 영혼들을 만나게 됩니다. 이 영혼들 가운데에는 먼저 세상을 떠난 부모나 형제자매, 혹은 아주 가까웠던 친지나 친구들이 포함되어 있습니다. 그런

터널 체험

히에로니무스 보쉬, "가장 높은 하늘로의 승천"

가 하면 생전에 한 번도 보지 못한 영혼을 만날 수도 있다고 합니다. 그런 영혼을 만나면 만난 적이 없어도 아주 친숙한 느낌을 받는다고 합니다. 앞에서도 잠깐 말했지만 이 영혼들은 영계로 들어오는 당신을 맞이하러 나온 것입니다. 그런가 하면 생전에 아주 가까웠던 애완동물을 만날 수도 있다고 합니다.

이곳에 당도했을 때 영혼들은 생전에는 한 번도 느껴보지 못한 편안함과 함께 그곳의 아름다움에 압도된다고 합니다. 여기서 영혼들이 목도하는 것은 많은 경우 말할 수 없이 아름다운 꽃밭이라고 합니다. 물론 꽃만 있는 것은 아니고 나무나 언덕, 연못도 있을 수 있고 새나 나비가 등장할 수도 있습니다. 그들은 종종 이곳의 아름다움은 말로 표현할 수 없다고 말합니다. 또 한 번도 들어보지 못했던 환상의 음악이 들려오기도 하고 모든 것이 빛으로 환하게 빛나고 있어서 그 황홀함을 언어로 표현하기 힘들다고 합니다. 이 점에 대해서는 앞에서 인용한 이븐 알렉산더의 책에 잘 묘사되어 있으니 참고하시기 바랍니다.

이곳이 이렇게 아름답게 느끼지는 것은 짐작할 수 있는 것처럼 이곳은 물질이 아닌 에너지로 이루어져 있기 때문입니다. 다시 말해 빛으로 이루어졌다는 것이지요. 우리는 육신으로 살 때에는 물질인 뇌를 통해서만 사물을 파악할 수 있습니다. 그에 비해 이곳에서는 사물의 파동을 빛의 형태로 직접 느낄 수 있습니다. 뇌 같은 중간 매체가 없이 모든 대상을 직접 접하게 되는 것인데 그래서 모든 것이 빛나는 것처럼 보이는 것입니다.

사람에 따라서는 이때 이런 황홀한 체험이 아니라 어둡고 음험한 기운이나 사악한 환경을 경험하는 경우도 있습니다. 그래서 이런 식으로 근사체험을 한 사람은 이 체험 후에 정신 상태가 더 위축될 수 있습니다. 그런 사람들은 근사체험을 악몽으로 기억하더군요. 그런데 이런 환경은 모두 자신이 만들어낸 것이라는 것을 잊어서는 안되겠습니다.

이 점에 대해서는 뒤에 2부에서 자세히 다루려 합니다. 여기서 다소 성급한 결론을 내리면, 우리가 영혼의 세계에서 만나는 현실은 모두 우리의 의식이 만들어내는 것이니 이곳에서 좋은 환경을 만들고 싶으면 평소에 의식이나 인격을 잘 닦아야 한다는 것으로 간단하게 마무리하고 싶군요.

빛의 존재와의 만남 ― 이때 겪는 종교적 체험에 대해

이제 우리는 빛의 존재에 다다랐습니다. 근사체험을 했다고 해서 누구나 이 존재를 만나는 것은 아닙니다. 근사체험자 중에 이 존재와 만나는 사람은 10%밖에 안 된다고 하니 이 체험은 흔한 것이 아닙니다. 대부분의 근사체험자는 영혼이 체외 이탈하는 수준에서 끝나고 맙니다. 근사체험자 중에는 완벽하게 변신해 인격이 높은 종교인처럼 되는 경우가 있는데 그것은 이 존재를 만난 사람에게만 일어나는 일입니다. 여기서 체험자는 빛의 존재와 텔레파시로 서로 소통한다고 합니다. 이것은 생각하는 순간 그 생각이 상대에게 전달되는 것을 말합니다.

빛의 존재를 만난 사람은 왜 고결한 인격의 소유자로 바뀔까요? 그것은 그 존재와 같이 하는 일과 관계됩니다. 근사체험자들에 따르면 그들은 빛의 존재와 함께 영상으로 지금까지 산 삶을 회고한다고 합니다. 이를테면 라이프 리뷰(life review)입니다. 이때 자신이 그때까지 행한 일 가운데 중요한 사건들이 영상으로 눈앞에 펼쳐진다고 합니다. 이 영상 가운데에는 뜻밖의 사건도 포함됩니다. 자신은 그 사건이 일어난 이후로 한 번도 생각해보지 않았는데 그 사건이 영상으로 보이는 경우가 있다는 것입니다. 이것은 이 사건이 당사자에게 무엇인가 특별한 교훈을 줄 수 있기 때문에 영상으로 나타난 것입니다.

우리가 일생 동안 행한 일 가운데에는 잘 한 것보다 잘못 한 것이 더 많을 겁니다. 차마 남에게 이야기할 수 없는 일도 많습니다. 그런데 이때 그런 일들이 영상으로 펼쳐진다고 합니다. 그렇지만 빛의 존재는 당사자를 전혀 질책하지 않는다고 합니다. '왜 그런 바보 같은 짓을 했냐'고 묻지 않고 대신 엄청난 사랑으로 당사자를 감싸 준다고 합니다. 이 사랑은 지상에서 살 때에는 누구에게서도 받아보지 못한 것입니다. 왜냐하면 어떤 단서도 달지 않는 무조건적인 사랑이기 때문입니다.

인간들의 사랑은 항상 조건이 붙기 마련입니다. 부모의 자식 사랑이든 남녀 간의 사랑이든 다 그렇습니다. 그래서 이런 사랑을 받아서는 성품이 바뀌지 않습니다. 그러나 빛의 존재가 보여준 사랑은 차원이 다르다고 합니다. 이 사랑이야말로 종교에서 말하는 진정한 사랑입니다. 특히 예수님이 말하는 사랑이 이러합니다. 예수님은 누가 어떤 잘못을 하던 무조건 용서하고 사랑하라고 가르쳤습니다. 인간 세상에서는 이런 사랑을 체험하는 일이 거의 불가능합니다. 그런데 근사체험자들은 빛의 존재로부터 그런 사랑을 받았다고 전하고 있습니다.

빛의 존재와 삶을 회고하면서 당사자는 두 가지의 중요한 사실을 알게 됩니다. 우선 자신이 지금까지 겪었던 일들이 모두 이유가 있어 생겼다는 것을 알게 됩니다. 우리는 삶을 살면서 그 발생 이유를 알 수 없는 일들을 많이 겪습니다. 예를 들어 왜 나는 갑자기 큰 사기를 당했는지, 왜 내 남편은 알코올 중독자가 됐는지, 왜 내 아이는 장애인으로 태어났는지 하는 등등 도저히 설명이 안 되는 사건을 많이 겪습니다. 이때 빛의 존재와 같이 삶을 회고하면서 이런 우연처럼 보였던 사건들이 왜 일어났는지에 대해 확실하게 알게 된다고 합니다.

이것을 굳이 설명한다면 빛의 존재와의 대화를 통해서 자신의 카르마(업보)에 대해서 알게 되었다고 할 수 있습니다. 그러면서 자신이 이번 생에서 어떤 과제를 갖고 태어났는지에 대해서도 알게 됩니다. 근사체험자들이 가장 많이 하는 이야기 중의 하나는 우리 모두는 자신만이 과제를 갖고 태어났다는 것입니다. 그 과제는 사람마다 다르기 때문에 일률적으로 말할 수 없지만 이번 생에 이 과제를 푸는 것이야말로 우리에게 가장 중요한 일이라 할 수 있습니다. 그런데 우리가 그 일을 게을리 하고 부나 권력처럼 세속적인 것만 좇는다면 그 사람의 인생은 낭패라고 할 수 있습니다. 근사체험에서는 이처럼 자신의 삶이 어떤 목적을 갖고 있는지 확실하게 보여줍니다.

빛의 존재와 소통하면서 두 번째로 알게 되는 것은 남을 괴롭히거나 판단하는 일이 얼마나 나쁜 일인가 하는 것입니다. 빛의 존재와 같이 삶을 회고하면서 우리는 우리가 괴로움을 당했던 것과 더불어 다른 사람을 괴롭혔던 장면을 보게 됩니다. 당시에는 내가 괴롭힌 사람이 얼마나 힘들어했는지 모릅니다. 그 사람의 마음을 읽을 수 없으니 그럴 수밖에 없을 겁니다. 그런데 이때 빛의 존재와 삶을 회고할 때에는 그 사람의 고통이 있는 그대로 내게 다가와 깜짝 놀란다고 합니다. 그 사람이 느낀 고통을 똑같이 느낀다고 하네요. 그래서 우리는 그 고통을 느끼면서 다른 사람을 용서하고 사랑과 자비로 대하는 것이 얼마나 중요한 일인가를 깨닫게 됩니다.

그와 동시에 우리는 이 체험을 통해 다른 사람을 판단하거나 수단으로 이용하는 것 역시 대단히 나쁜 것이라는 것을 절실하게 깨닫게 됩니다. 다른 생명도 그렇지만 모든 사람은 그 사람 자체가 목적입니다. 그 때문에 자신의 이익을 위해 다른 사람을 수단으로 이용해서는 안 되는데 바로 이때 이 사실을 확실하게 알게 됩니다.

이와 마찬가지로 이때 근사체험자는 다른 사람을 타자화 해서 마구 판단하는 것 역시 절대로 해서는 안 되는 일이라는 것을 깨닫게 됩니다. 여러분들은 다른 사람이 나를 제멋대로 판단해 호불호를 가린다면 기분이 얼마나 나쁘겠습니까? 이처럼 자신이 대상화되는 것은 누구나 싫어하는 일입니다. 본인이 그렇게 당하는 것이 싫다면 남들에게도 그렇게 하지 말라는 것이 이 가르침의 골자입니다.

삶에서 가장 중요한 것은 배움과 사랑

당사자가 이런 이야기들을 빛의 존재와 나누다 보면 삶에서 가장 중요한 것은 오로지 두 가지, 즉 '사랑'과 '배움'뿐이라는 것을 알게 됩니다. 자기 자신과 타인을 진정한 의미에서 사랑하고 자연이나 우주, 그리고 자신에 대해 절실하게 공부하는 것이 가장 중요하다는 것을 알게 된다는 것입니다. 따라서 세속적으로 추구하는 부나 명예, 권력, 섹스 같은 것이 아무 의미가 없다는 것을 깨닫게 됩니다. 대중적인 인기가 아무리 많아도, 아무리 돈이 많아도, 또 엄청나게 높은 권력을 갖고 있다 해도 다 부질없다는 것을 확실하게 알게 됩니다.

대신 아무리 작은 사랑이라도, 아무리 작은 배움이라도 인생과 자연의 의미를 알 수 있게 된다면 그런 삶의 태도가 가장 소중하다는 것을 깨닫게 됩니다. 그 때문에 이 체험을 한 사람들이 일상으로 돌아오면 직업을 바꾸는 일이 많습니다. 그때까지 했던 일들이 부질없다는 것을 깨닫고 다른 사람을 위해 봉사하는 직업을 갖게 되는 것입니다. 돈만 알던 월 스트리트의 주식전문가들 가운데 근사체험을 한 사람이 있었는데 이 사람은 체험 후에 그 직업을 버리고 자선 단체로 들어가더군요. 앞에서 보았던 이븐 알렉산더가 그 좋은 직장인 하버드 의대의 교수직을 버릴 수 있는 것도 이런 맥락 하에 가능한 것입니다.

이 존재와 이야기를 나누다 보면 이 존재가 도대체 누구인지 궁금해집니다. 이 존재를 어떻게 부르든 그것은 문제가 안 됩니다. 알렉산더처럼 유신론 전통을 따르는 사람은 신이나 예수라 부를 수 있을 것이고 불교적인 전통에서 온 사람은 참자기[진아, 眞我 혹은 higher self or true self]라고 할 수도 있습니다. 또 그런 것 다 떠나서 그냥 일심(一心, One Mind)이라고 할 수도 있고 궁극적 의식이라고 할 수 있습니다. 어떻게 부르든지 이 존재는 표층적인 우리를 넘어서 우리를 근본적으로 받쳐주고 있는 존재라 할 수 있습니다.

세 번째 단계 — 육신으로 귀환

이제 빛의 존재와 헤어질 시간이 됐습니다. 이때 체험자들은 앞을 가로막고 있는 장벽 앞에 있는 자신을 발견한다고 합니다. 이 장벽은 말 그대로 벽으로 나타날 수도 있고 강이나 바다, 심지어는 사막으로 나타날 수도 있습니다. 이것은 당사자가 속해 있는 문화권이나 종교에 따라 달라집니다. 이제 그곳에서 그는 자신을 인도해준 빛의 존재와 이별하게 됩니다. 이 장벽을 넘어서면 완전히 영계로 들어가는 것이기 때문에 그 이후에는 이승으로 귀환하는 일이 불가능해집니다.

경우에 따라서는 그곳이 너무나 좋은 나머지 육신으로 돌아가는 것을 거부하는 영혼도 있습니다. 게다가 사고로 죽었다면 지상에서 기다리고 있는 몸은 만신창이일 터이니 그런 몸에 돌아가고 싶지 않겠죠. 그러면 그 빛의 존재 혹은 인도하는 영혼은 당사자에게 '당신은 아직 여기 올 때가 안 되었다. 당신에게는 지상에서 할 일이 아직 남아 있다'라고 말하면서 육신으로 돌아갈 것을 권한다고 합니다.

이것은 빛의 존재가 강제로 집행하는 것은 아니고 당사자에게 넌지시 의견을 제시해 스스로 결정 내리게 도와준다고 합니다. 그러면 해당 영혼들은 대체로 그 의견을 따르는데 만일 그래도 말을 듣지 않을 때에는 어쩔 수 없는 힘에 이끌려 육신으로 되돌아갑니다. 육신으로 돌아갈 때에는 터널 같은 것을 거치지 않고 바로 몸 안으로 들어갑니다. 육신을 빠져나갈 때에는 터널 같은 것을 거쳤는데 되돌아올 때에는 그런 절차가 없습니다.

이것으로 근사체험이 끝나는데 이 체험을 제대로 겪은 사람들은 이구동성으로 삶의 진정한 가치는 사랑과 용서와 감사, 그리고 배움에 있다는 것을 알게 된다고 앞에서 이미 밝혔습니다. 이런 덕목들은 불교나 기독교 같은 고등 종교들이 한 결 같이 주장하는 것입니다. 그래서 이 체험을 한 사람 중에는 진정한 의미에서 종교인이 되는 경우가 있다고 한 것입니다.

그런데 이 체험을 한 사람들은 이렇게 엄청난 가르침을 받고 돌아왔기 때문에 적어도 몇 시간은 지났다고 생각하기 쉽습니다. 지상에 있을 때에는 전혀 접해보지 못했던 지혜와 감정을 진하게 겪었기 때문에 빛의 존재와의 교류 시간이 굉장히 긴 것으로 느낄 수 있을 겁니다. 그런데 당사자가 영혼으로 있었던 시간은 길어봐야 지상 시간으로 수 분 정도입니다. 영계에는 지상에서 말하는 시간과 공간 개념이 적용되지 않기 때문에 지상의 시간 개념은 별 의미가 없습니다.

정리하며

우리는 이제 사후 세계로 본격적인 여행을 가기 위해 이 세계(영계 혹은 저승) 앞에 섰습니다. 저 세계로 들어서면 우리에게는 지상과 완전히 다른 새로운 세계가 열립니다. 다른 세계라고는 하지만 이곳은 지상계와 더불어 존재하는 곳입니다. 우리는 이 세계를 이해함으로써 지상계를 더 잘 이해할 수 있습니다. 반대로 지금 우리가 사는 지상계를 잘 알면 저 세계도 제대로 이해할 수 있습니다. 이처럼 두 세계(이승과 저승)는 떼래야 뗄 수 없는 한 짝입니다. 따라서 우리는 이 두 세계를 같이 잘 이해해야 합니다. 그런 생각을 갖고 우리는 사후 세계로 출발합니다.

사후 세계 대탐사

– 사후 세계로 성큼 들어서기

3

이제 우리는 생소하고 낯선 사후 세계로 들어왔습니다. 그런데 사실 우리는 이 세계가 어떤 곳인지 모르고 있지는 않습니다. 다만 오랜 만에 왔기 때문에 기억이 잘 나지 않을 뿐입니다. 또 아직은 지상계의 생활에 익숙해 있어 이 세계가 조금 낯설게 느껴지는 것입니다. 앞에서도 보았지만 이곳은 지상계와 매우 다른 원리로 움직입니다. 따라서 지상계처럼 생각하면 이상하게 보일 수 있는데 만일 이 세계에 적응하지 않고 계속해서 자신이 지상계에 있는 것처럼 생각하면 헤맬 수 있습니다.

우리는 지상에 태어났을 때에 수년에 걸친 노력 끝에 지상계에 적응했듯이 이곳에서도 적응하기 위해 나름대로 노력해야 합니다. 어차피 시간이 지나면 이곳 세계도 익숙하게 되기는 합니다. 그러나 그렇다고 해서 쓸데없이 헤맬 필요는 없습니다. 이곳 세계가 돌아가는 원리를 알면 적응할 때 시행착오를 많이 줄일 수 있습니다. 만일 이 원리를 무시하고 계속해서 자기 자신의 생각을 고집한다면 본인의 영적 성장에 손실을 가져올 수 있기에 주의해야 합니다.

이 세계로 들어가는 것은 육신이 아니라 영혼이라고 했습니다. 영혼이라는 말 대신에 의식(혹은 의식체)이라고 해도 괜찮습니다. 우리는 이처럼 영혼의 형태로 이 세계로 들어가게 되니 영혼에 대해 좀 더 체계적으로 알아보아야 합니다. 이것은 우리 자신을 이해하는 중요한 수단이기도 합니다. 우리는 우리 자신이라고 할 수 있는 영혼에 대해 너무나 모르고 있습니다. 그 존재 여부부터 시작해서 육신과 어떻게 다르고 같은가 하는 등등 영혼에 대해 아는 게 별로 없습니다. 이 영혼은 우리의 의식이고 정신이기에 정확히 알아야 합니다. 영혼을 제대로 알면 지상계에서의 삶이 달라질 수 있습니다.

영혼이란 무엇인가

사람들은 우리 인간이 육신과 영혼(의식)으로 구성되어 있다는 데에 대체로 동의합니다. 육신은 눈에 보이는 것이라 그것이 무엇인지 잘 알고 있습니다. 그러면 영혼은 무엇일까요? 이제 그것을 보려 하는데 영혼은 다음과 같은 여러 이름들로 불리고 있습니다.

영체(靈體)	영인(靈人)	의식체(意識體)	영식(靈識)

우선 '영체(psychic body)'란 육체(physical body)와 대비해서 말할 때 쓰는 단어입니다. '영인'은 영혼의 세계에서도 지상에 있을 때 지녔던 육체의 형상을 하고 있다고 해서 나온 단어입니다. '의식체'란 '의식을 갖고 있는 몸'이라는 의미이고 '영식'이란 이와 비슷하게 '의식을 갖고 있는 영혼'이라는 의미입니다. 스티븐슨과 같은 학자는 매우 중립적인 용어로 'discarnate being', 즉 '육신이 없는 존재'라는 단어를 쓰기도 합니다.

영혼의 특질에 대해

용어가 어떻든 이 단어들은 인간에게는 육체와 다른 눈에 보이지 않는 영 같은 어떤 것이 있다는 것을 뜻합니다. 그런데 이 영이라는 것은 의식하는 기능을 갖고 있는 것으로 묘사됩니다. 이런 특징들을 모아 영이 무엇인가에 대해 한 번 정의해보고자 합니다.

첫째, 영혼은 물질이 아닌 에너지로 구성되어 있습니다. 그래서 우리 눈에 보이지 않습니다. 영은 에너지이기 때문에 파동이 있습니다. 이 파동은 개개인마다 다릅니다. 우리는 모두 자신만의 고유한 파동을 갖고 있습니다. 이것은 우리가 자신만의 지문을 갖고 있는 것처럼 자신만의 영적인 파동을 갖고 있다는 것을 뜻합니다. 그래서 먼저 타계한 부모나 친지의 영혼이 옆에 다가 오면 금세 알아차릴 수 있다고 합니다. 그 파동을 감지하기 때문입니다.

둘째, 앞에서 계속해서 말한 대로 영혼은 의식, 더 정확하게는 자기의식(self-consciousness)을 갖고 있어 모든 것을 인지할 수 있습니다. 의식이 있기 때문에 인지하는 능력은 물론 느낄 수 있는 능력도 있습니다. 이것은 육신을 가진 사람이 세상 사물을 인지하는 것과 같습니다. 그래서 영혼은 영계에서 일어나는 일들을 모두 인지하고 있을 뿐만 아니라 지상에서 일어나는 일에 대해서도 알 수 있습니다. 그러나 영혼은 에너지로만 되어 있어 지상의 사람들과 소통하는 일이 쉽지 않습니다. 지상에서 보이려면 에너지가 어떤 형태로든 물질화해야 하는데 이 일이 쉽지 않은 것입니다.

셋째, 우리의 영혼은 이렇게 인지하는 능력만 있는 것이 아닙니다. 우리의 영혼은 정보를 무한대로 저장할 수 있는 능력을 갖고 있습니다. 무엇을 저장하는 것일까요? 우리가 행한 모든 것을 저장합니다. 우리가 행한 행동은 말할 것도 없고 말로 뱉은 것들도 모두 이 영혼에 저장됩니다. 뿐만 아니라 우리가 어떤 생각을 하든지 그것도 어김없이 저장됩니다. 생전에 했던 모든 것들이 영혼에 고스란히 저장되어 있는데 우리는 바로 이런 상태로 영계로 들어옵니다. 앞에서 근사체험자들이 빛의 존재와 같이 삶을 회고한다고 했지요? 이게 가능한 것도 생전에 했던 모든 것이 영혼에 저장되어 있기 때문입니다. 저장되어 있었으니 이것을 다시 풀 수 있는 것입니다.

우리의 영혼에 이런 기능이 있기 때문에 고등 종교에서는 항상 좋은 일을 하고 좋은 생각만 하라고 가르치고 있습니다. 노상 남 도울 생각만 하고 남이 잘 되기를 바라면 영혼이 맑아져 마음이 편안합니다. 그러면 그런 영혼은 자신과 비슷한 영혼을 만나게 됩니다. 이 세계에서는 파동이 비슷한 영혼끼리만 만나게 된다고 신비가들은 전합니다. 그러니 이렇게 순수한 영혼끼리 만나면 얼마나 좋겠습니까?

반대로 남을 헐뜯을 생각만 하고 남에게 나쁜 일을 행하는 영혼은 영이 탁합니다. 그래서 자신도 마음이 편하지 않습니다. 그런데 더 나쁜 것은 충분히 예상할 수 있는 바와 같이 이 영혼 역시 자신과 수준이 비슷한 영혼만을 만나게 되는 것입니다. 그런 영혼끼리 만나면 서로 못살게 구느라 정신이 없을 겁니다. 이 영혼들은 평생을 이런 일만 했으니 여기서도 똑같은 일을 반복하는 것입니다. 사정이 이렇다면 여러분들은 어떤 길을 택해야 하는지 아시겠지요?

세 가지 몸으로 구성된 우리의 몸

영혼에 대한 이러한 견해는 결코 새로운 것이 아닙니다. 이미 3천 년 전쯤에 인도에서는 꽤 구체적으로 인간의 영혼에 대한 교설이 있었습니다. 이 이야기는 이제는 많이 알려져 있습니다. 이 이론에 따르면 우리의 몸은 셋으로 이루어져 있습니다. 육체 혹은 거친 몸(gross body)과 미세체(微細體, subtle body), 그리고 원인체(原因體, causal body)가 그것입니다.

이 가운데 우리가 볼 수 있는 몸은 거친 몸, 즉 육체밖에 없습니다. 다른 두 몸은 전혀 보이지 않습니다. 힌두교에는 이 몸에 대해 복잡한 설명이 있지만 번거로우니 생략하고 이 몸이 있기에 인간은 마음이나 의식을 갖게 된다는 설명으로 대신하겠습니다. 육신은 무정물이라 어떤 의식도 가질 수 없습니다. 우리는 이 미세체가 있기 때문에 인간으로서 감정과 지성을 갖게 되는 것입니다.

이에 비해 원인체는 말 그대로 앞의 두 몸이 존재할 수 있게 만드는, 즉 그 원인이 되는 근원적인 몸입니다. 앞의 두 몸은 모두 이 원인체에서 비롯된 것이라 할 수 있습니다. 굳이 말하면 이 몸이 영혼에 해당된다고 할 수 있습니다. 여기에는 그 영혼이 행한 모든 것이 저장되어 있습니다. 이 영혼은 이런 형태로 영계에 있다가 육신으로 현현할 때가 되면 미세체를 만들어 그것을 매개로 육신을 만들어냅니다.

이때 사람들이 가장 잘못 생각하는 것은 육신 때문에 미세체나 원인체가 생긴다고 여기는 것입니다. 이것은 완전히 반대로 생각한 것입니다. 육신은 원인체와 미세체가 합동해서 만든 마지막 결과물입니다. 앞에서 말한 대로 원인체에는 수없이 많은 정보가 저장되어 있습니다. 원인체가 그 정보를 미세체에 전달하면 미세체는 그 정보를 가지고 그에 맞는 육신

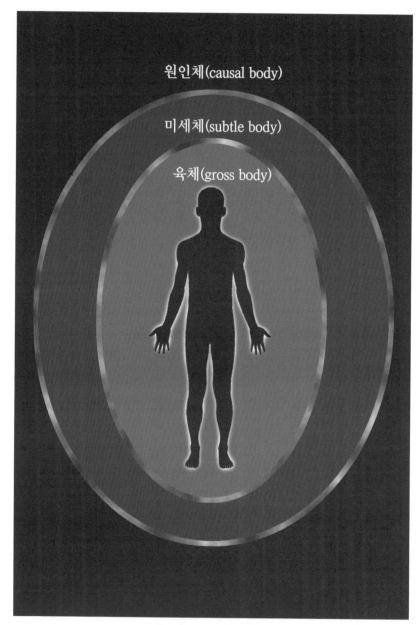

원인체(causal body)

미세체(subtle body)

육체(gross body)

힌두교에서 말하는 3가지 몸

을 디자인하는 것입니다.

이것을 비유로 설명해보면, 3D 프린터로 어느 정도는 설명할 수 있지 않을까 합니다. 이 프린터에 적절한 정보를 주입하면 그 정보에 따라 일정한 물건을 만들어내지 않습니까? 조금 거친 비유이지만 그 정보를 제공하는 사람을 원인체라고 한다면 그것을 받아 실행하는 프린터는 미세체이고 그렇게 해서 나온 결과물은 거친 몸, 즉 육체라고 할 수 있겠습니다.

사람이 죽으면, 즉 육신을 벗어나면 미세체와 원인체만 남게 됩니다. 그런데 육신이 없으니 매개체 역할을 하는 미세체는 필요 없게 됩니다. 그런데 수행을 많이 한 사람들에 따르면 이 미세체는 인간이 죽은 다음 바로 없어지는 것이 아니라 얼마간 잔존해 있다가 사라진다고 하더군요. 어떤 이들은 지상에 나타나는 이른바 유령들이 바로 이 미세체라고 주장하기도 합니다마는 확실히 그렇다고 말하기에는 좀 곤란한 점이 있습니다.

그리고 주의해야 할 것은 원인체가 힌두교나 불교에서 말하는 아트만, 혹은 참된 나[진아, 眞我]는 아니라는 것입니다. 아트만이나 진아는 이 종교들이 추구하는 최고의 목표 아닙니까? 우리가 아트만을 발견하고 진아를 찾아내면 최종 목표를 달성하는 것인데 이 원인체가 그것은 아니라는 것입니다. 이 원인체는 여전히 에고에 갇혀 있는 일반적인 영혼일 뿐입니다.

그런데 여러 문헌을 접해 보면 학파에 따라 이 몸의 숫자가 다른 것을 알 수 있습니다. 7개의 몸으로 나누는 경우도 있고 9개, 11개 등으로 나누는 경우도 있습니다. 이것은 이 세 몸을 가지고 세분화 한 것에 불과합니다. 이 세 몸 이론이 가장 단순한 것으로 이것만 이해하면 몸에 대한 다른 이론들도 이해하기 어렵지 않습니다.

이 정도면 영혼에 대한 기본적인 이해는 다 이룬 셈입니다. 다음에는 우리가 이 영혼의 형태로서 살게 되는 영계에 대해 알아보아야 하겠습니다. 이 세계는 우리가 육신을 갖고 사는 물질계와 짝을 이루고 있습니다. 따라서 이 두 세계를 함께 알아야 우리의 전체적인 삶을 이해할 수 있습니다. 우리가 육신을 갖고 사는 이 물질계의 진정한 의미를 알고 싶다면 영계에 대한 이해는 필수적입니다.

그런데 지금 이 지상에서 육신을 갖고 살고 있는 사람들은 영계에 대해 너무 무지합니다. 그래서 지상에서의 삶을 허비하고 있는 경우가 많습니다. 이 지상계(이승)만이 존재한다고 생각한 나머지 지금 여기에서 해야 할 일을 하지 않고 육적인 욕망만 좇기 때문입니다. 여러분들이 이번 기회에 영계가 돌아가는 원리나 법칙에 대해 탐구한다면 이것은 여러분들의 삶에 큰 도움이 될 것입니다. 그럼 그 풍요로운 삶을 향해 떠나 볼까요?

영계란 어떤 곳일까

　우리가 영혼이 되어 도착하는 영계는 그 넓이와 깊이를 알 수 없는 곳입니다. 왜냐하면 개개 영혼들이 다닐 수 있는 영계의 영역은 매우 한정되어 있어 이곳이 얼마나 넓은지 모르기 때문입니다. 이곳에서는 영혼들이 자신이 생각할 수 있는 곳만 다닐 수 있습니다. 따라서 자신이 생각하지 못하는 영역은 갈 수 없습니다. 사정이 이러하니 영계의 전체적인 모습을 알 수 없다고 한 것입니다.

　이곳은 지상 세계에서 통용되는 시간이나 공간 개념이 적용되지 않는다고 했습니다. 그래서 이곳에서는 영혼이 어떤 곳을 생각하는 순간 그곳에 가 있게 된다고 했습니다. 이렇게 보면 이곳이 매우 자유로운 세계 같지만 거꾸로 보면 자신의 생각에 갇혀 있는 공간이 될 수 있습니다. 자신이 생각할 수 없는 곳은 결코 갈 수 없기 때문입니다. 그래서 보통의 우리는 그 영계가 얼마나 광활한지 모른다고 한 것입니다. 이 영계 전체를 다 아우르고 자유롭게 다닐 수 있는 영혼은 아주 희귀합니다.

영계는 1차 영역과 2차 영역으로 이루어져 있다!

그러나 그렇다고 해서 영계를 이해할 수 있는 방법이 없는 것은 아닙니다. 어떤 것이 아무리 복잡하다고 해도 얼마든지 우리는 그것을 단순화해서 이해할 수 있습니다. 영계를 가장 단순하게 보면 그곳은 두 개의 영역으로 나누어졌다고 할 수 있습니다. 저는 이것을 가장 단순하게 '1차 영역'과 '2차 영역'이라는 용어를 써서 이 영역을 표현합니다. 여기서 1차 영역이라 함은 2차 영역을 가기 위해 거치는 중간 단계를 말합니다. 이에 비해 2차 영역은 우리가 영계에 있을 때 집처럼 머무는 곳을 말합니다.

뒤에서 자세하게 보겠지만 이 2차 영역은 우리가 지상에 환생하기 전에 머물던 곳입니다. 물론 이 생각은 인간의 환생론을 받아들일 때 가능한 것입니다. 이에 대해 스베덴보리 같은 기독교의 신비가들은 다른 생각을 갖고 있습니다. 그에 따르면 우리는 바로 이 2차 영역에서 영원히 산다고 합니다.

사실 이 영계를 나누는 데에도 많은 의견이 있습니다. 인간의 몸을 나눌 때에도 몸을 7개로 보는 견해, 9개로 보는 견해 등등 매우 다양한 의견이 있었는데 영계에 대한 견해들도 마찬가지입니다. 영계의 층을 3개로, 혹은 6~7개로, 혹은 더 복잡하게 11개로 나누는 경우도 있습니다. 이런 것들은 다 가능합니다. 얼마든지 세분할 수 있기 때문입니다.

이와는 반대로 아예 영계를 층으로 구분하지 않을 수도 있습니다. 그러니까 우리의 영이 육신을 벗으면 그냥 영계라는 곳으로 가서 영원히 있던지 혹은 그곳에 있다가 때가 되면 지상에 환생한다고 해도 아무 문제없습니다. 영계가 어떻게 구성되어 있다고 한들 그 돌아가는 원리는 같기 때문에 영계가 몇 층인가 등에 대해 그다지 신경 쓸 필요 없습니다. 지금 우

리에게 필요한 것은 그런 복잡한 이론이 아니라 영계가 돌아가는 원리를
알아보는 일입니다.

육체를 벗었을 때의 처음 느낌은?

영계의 영역을 어떻게 나누든 여기서 먼저 보고 싶은 것은 우리가 처음
으로 육신을 벗었을 때 어떤 느낌이고 어떤 상태가 되는지에 대한 것입니
다. 이때 우리가 가장 먼저 느끼는 것은 큰 해방감 혹은 안도감입니다. 이
것은 당연한 것인지 모릅니다. 물질인 육신에 갇혀 생활하다가 에너지 상
태인 영체로 바뀌게 되니 그 자유로움은 대단할 것입니다.

저는 여러분들의 이해를 돕기 위해 이
것을 육중한 잠수복을 입었다가 벗었을
때의 느낌과 비교를 많이 합니다. 지금 사
진에서 보는 것과 같은 잠수복을 입고 물
속에 들어갔다고 상상해 보십시오. 물속
에서 움직일 때 얼마나 힘들겠습니까? 한
걸음 한 걸음 걷는 게 무척이나 고됩니다.
그러다 지상에 다시 올라와 그 거추장스
러운 잠수복을 벗고 걸어보면 얼마나 자
유롭습니까? 하늘을 날 것 같지요?

이 비유가 그다지 실감나지 않으면 물
에 흠뻑 젖은 옷을 입고 있다가 벗은 다음
을 상상해 보십시오. 물에 젖은 옷을 입고

육중한 잠수복

있으면 움직이는 것이 아주 둔합니다. 옷 중에도 특히 젖은 청바지는 사람을 정말로 둔중하게 만듭니다. 그러다 마른 옷으로 갈아입으면 그렇게 기분이 좋고 가벼울 수가 없습니다. 우리가 육신에서 벗어났을 때가 바로 그렇다고 할 수 있습니다. 사실은 이보다 훨씬 더 편안하고 자유로운데 비유를 하자니 그렇게 되었습니다.

그런데 사람 중에는 이때 무서운 이미지나 험악한 영상을 보는 경우가 있습니다. 근사체험을 한 사람 중에도 이런 사람이 있다고 했습니다. 이들은 마음이 안온하거나 빛의 존재를 만나 완전한 사랑을 경험하기는커녕 무서운 영상들이 나타나 악몽에 시달리다 육체로 귀환했다고 보고했습니다. 그래서 이들은 근사체험을 폄하하는 경우가 많습니다.

이런 일이 왜 일어날까요? 이것은 당사자가 평소에 갖고 있던 마음가짐과 연관이 있습니다. 평소에 공포를 많이 갖고 사는 사람들이 많은 경우 이런 일을 겪을 수 있습니다. 본인이 갖고 있던 공포의 마음이 그대로 투사되어서 스스로 그런 세계를 만들어내는 것이지요. 영의 세계에서 일어나는 일은 모두 자신의 생각이 투사되어서 발생하는 것입니다. 이 문제는 뒤에서 더 자세하게 볼 것입니다.

이때 또 다음과 같은 일이 발생할 수 있습니다. 지력이 갑자기 증대한다는 것입니다. 우리가 육신으로 있을 때보다 그 지력이 몇 배나 더 강해진다는 것입니다. 한 마디로 훨씬 더 똑똑해진다는 것이지요. 앞에서 본 근사체험자들의 증언에 따르면 우리는 빛의 존재와 자신의 삶을 회고하면서 그동안 이해하지 못했던 것들을 비로소 이해하게 된다고 했습니다. 즉 내가 왜 이런 가정에 태어났는지 혹은 내가 왜 이해할 수 없는 불행한 사건에 휘말렸는지 등등에 대한 이유를 비로소 알게 된다고 했습니다.

이런 일이 가능한 것은 우리가 육신에서 막 벗어났을 때 지력이 갑자기

증가하기 때문입니다. 이것은 우리의 영혼이 수십 년 동안 육신에 속박(?)되어 있다가 갑자기 그 제약에서 벗어나면서 느끼는 해방감에 지력이 순간적으로 높아진 것으로 해석됩니다.

그런데 이 지력이 계속되는 것은 아니라고 합니다. 곧 다시 이전의 상태로 돌아간다고 하는데 그렇다고 지상에 있을 때처럼 아무 것도 모르는 상태는 아니고 어느 정도는 향상된 상태로 돌아간다고 합니다. 이 상태란 자신의 영이 처해 있는 수준을 말합니다. 우리들은 모두 영적인 성장의 면에서 볼 때 일정한 수준에 머물러 있습니다. 영이 아주 높고 밝아 인격이 훌륭한 사람도 있고 그렇지 않은 사람도 있습니다. 우리는 우리가 닦은 만큼의 수준에 머물게 됩니다.

1차 영역에 들어서기
- 치유와 삶의 회고

영계로 들어가는 것을 거부하는 영혼도 있다!

이렇게 해서 우리는 막 영계에 진입했습니다. 그런데 영혼 중에는 이 영계에 들어가는 것을 거부하고 지상에 머무는 영도 있습니다. 영혼이 이러한 선택을 하는 데에는 대체로 두 가지 이유가 있습니다.

하나는 자신이 죽었는지, 다시 말해 육신을 벗고 영의 상태가 됐는지를 모르는 경우입니다. 여전히 자신이 살아 있다고 생각하는 것입니다. 이런 이야기를 들으면 설마 그런 일이 있을까 의아해 할 수도 있지만 생각보다 이런 일이 많이 일어난다고 합니다. 이 문제는 중요하기 때문에 나중에 상세하게 다룰 예정입니다.

그 다음은 영혼이 이승에 미련이 많이 남아 있는 경우입니다. 예를 들어 이승에 사랑하는 자식이나 배우자를 놓고 떠나는 일이 힘든 나머지 가족들에 옆에 있으려고 한다면 이 영혼은 영계로 들어갈 수 없게 됩니다.

혹은 이승에서 불의의 사고를 당해 한이 많이 생긴 경우에도 그 한을 풀 수 없어 무작정 이승에 있을 수 있습니다. 그 한을 어떻게 풀 수 있을까 하면서 이승을 배회하는 것이지요.

그런가 하면 이승에서 욕망에 휘둘린 삶을 산 사람들도 영계로 들어가는 것을 거부할 수 있습니다. 예를 들어 육신을 갖고 살 때 술이나 마약, 성, 도박, 권력 등과 같이 육욕만 추구하는 거친 욕망에 빠졌던 영혼들은 그 맛을 잊지 못하고 이런 일이 벌어지는 이승의 장소를 찾아다닐 수 있습니다. 이런 영혼들은 이승을 떠나지 못하고 헤매게 됩니다. 아니면 이들은 영계에서 자신이 이승에서 추구했던 세계를 스스로 사념으로 만들어 놓고 그 안에서 빠져나오지 못하는 경우도 있습니다. 이 예는 재미있는 경우라 뒤에서 다시 보기로 합니다.

이런 영혼들도 나중에 자신이 처한 상태가 잘못된 것임을 깨닫게 되면 영계로 진입할 수 있습니다. 어떻든 이렇게 해서 우리 모두는 영계로 향하게 됩니다. 여기서 우리는 영계의 1차 영역에 들어가게 됩니다. 이곳에서 우리는 무슨 일을 할까요? 이제 그것을 보려고 합니다.

1차 영역에서 첫 번째 하는 일 — 치유와 휴식

이제 영계의 1차 영역으로 들어왔습니다. 이 영역에 들어오기 전후에 우리는 이미 지상을 떠난 가족이나 친지, 또 친구들을 만나는 경우가 있습니다. 이들은 영계에 갓 들어온 당신을 환영해주러 온 것입니다. 당신은 이곳에서 그 영혼들과 반가운 만남을 갖습니다. 그러나 그들과 계속해서 같이 있는 것은 아닙니다.

이 영혼들과는 지상에서 어떤 인연이 있어 가깝게 지냈지만 그렇다고 해서 이곳에서도 반드시 가까운 사이가 되는 것은 아닙니다. 이곳은 여기서만 통용되는 원리가 있기 때문에 그 원리에 따라 가깝고 먼 인연이 결정됩니다. 이 친지들과는 일단 헤어졌다가 인연이 되면 다시 만나게 됩니다. 이것은 나중에 2차 영역에 갔을 때 자세하게 보기로 하겠습니다.

이곳에는 도착하는 영혼들을 안내하는 영혼이 있다고 합니다. 갓 도착한 영혼들은 이들의 안내를 받으면서 해야 할 일을 하게 됩니다. 여기서 가장 먼저 하는 일은 휴식을 하면서 치유를 받는 일이라고 합니다. 우리는 지상에서 정말로 힘든 삶을 살았습니다. 좋은 일을 많이 한 영혼이든 나쁜 일을 많이 한 영혼이든 육신을 가지고 지상에서 살았던 삶은 힘들기 짝이 없었습니다. 그래서 선인이든 악인이든, 혹은 그 중간 어디쯤에 있을 대부분의 우리들은 일단 쉬면서 영혼에 쌓인 찌꺼기 같은 것을 덜어냅니다.

같은 상황은 우리가 지상에 태어났을 때에도 벌어졌었습니다. 어머니의 자궁에서 나왔을 때 목욕을 한 것이 그것입니다. 새로운 생을 시작하면서 몸을 청결하게 한 것이겠지요. 영계에서도 마찬가지입니다. 이곳에 들어온다는 것은 새로운 탄생을 의미하는 것이니 지상에서 살면서 쌓였던 여러 때들을 닦아내야 할 것입니다. 우리는 이 작업에 대해서 별 신경 쓸 필요가 없을 듯합니다. 안내하는 영의 인도에 맡기면 되기 때문입니다.

삶의 회고 — 자신이 행한 선행과 위선이 모두 까발려진다!

그 다음에 하는 중요한 일은 지난 삶을 회고하고 정리하는 것입니다. 이 일은 혼자 할 수도 있고 안내하는 영의 도움을 받아 할 수도 있습니다. 이것은 지난 생 동안 어떻게 살았나를 전체적으로 점검해보는 것입니다. 새로운 생을 시작하면서 이전 생을 복습하는 것입니다. 이것은 당연한 일입니다. 우리가 시작을 제대로 하려면 이전에 행했던 것에 대해 확실히 알고 있어야 하기 때문입니다.

이때의 상황에 대해 스베덴보리는 재미있는 발언을 합니다. 여기서는 우리가 영의 상태로 있기 때문에 자신이 지상에서 행했던 모든 일이 까발려진다고 합니다. 특히 악행을 많이 한 사람들이 곤혹을 많이 겪는다고 합니다. 전생에서 나쁜 짓을 많이 하고 그 결과로 나쁜 성격을 가진 사람들이 자신의 악행을 아무리 감추려 해도 안 된다고 하더군요.

우리가 지상에서 육신을 갖고 살 때에는 다른 사람에게 얼마든지 자신의 악행이나 나쁜 성격을 감출 수 있습니다. 위선자가 될 수 있다는 것이지요. 그래서 다른 사람을 속일 수 있고 반대로 그런 사람에게 우리가 사기를 당할 수도 있습니다. 우리는 지상에서 살면서 내 앞에서는 그럴듯한 말만 하다 내가 없는 곳에서는 나를 중상모략 하는 사람들을 적지 않게 만났습니다.

지상에서 살 때에는 그런 사람의 위선성을 눈치 채지 못할 수 있습니다. 그런 사람들은 말을 번지르르 하게 하고 얼굴색을 바꿀 수 있기 때문입니다. 즉 교언영색(巧言令色)을 하는 것이지요. 그런가 하면 내가 다른 사람에게 당하는 경우만 있는 것은 아닙니다. 내가 다른 사람을 그렇게 대하는 경우도 많습니다. 우리는 다른 사람들을 향해 얼마나 많은 험담을 하면서 살았습니까? 그러다 그 사람이 나타나면 시치미를 떼고 그 사람과 친한 척 하지 않았습니까?

그런데 여기서는 이런 행동이 안 통한다고 합니다. 아무리 자신의 위선성을 감추려 해도 있는 그대로 다 드러납니다. 그 사람의 수준. 즉 인격의 성숙도나 영혼의 발달 정도가 가감 없이 그대로 노출되는 것입니다. 이렇게 될 수밖에 없는 이유는 이곳은 에너지의 파동만 있기 때문입니다. 이곳에서는 각 영혼들이 고유하게 지니고 있는 파동이 있는 그대로 노출되기 때문에 그렇게 되는 것입니다.

지상에서는 육신이 영혼의 파동을 가리고 있기 때문에 다른 사람들이 그 사람의 위선성을 눈치 채지 못합니다. 그러나 이곳에는 그런 가름막 역할을 해줄 수 있는 것이 없습니다. 이것은 흡사 옷을 전혀 입지 않고 맨몸으로 여러 사람 앞에 서 있는 것과 같다고 하겠습니다. 만일 이런 견해를 받아들인다면 지상에서 어떻게 살아야 하는지 답이 나오지 않을까요? 지상에서는 완전범죄라는 것이 가능할지 모르지만 여기서는 그런 것이 가능하지 않습니다.

지상에서는 어떤 일을 다른 사람 모르게 혼자 몰래 하는 일이 가능합니다. 그러나 이곳에서는 이런 일이 원천적으로 불가능합니다. 그래서 고등 종교에서는 항상 우리에게 어떤 상황에 처하든 양심에 합당하게 행동하라고 가르쳤습니다. 어떤 일을 하던지 그것은 하늘이 알고 신이 알기 때문에 '하늘을 우러러 부끄럼이 없기를' 이라는 신조에 따라 행동하라고 했습니다. 그런 까닭에 공자 역시 우리에게 '혼자 있을 때에도 삼가고 삼가라[신기독, 愼其獨]'고 한 것일 겁니다.

그러나 그렇다고 해서 우리가 행한 악행만 드러나는 것은 아닙니다. 마찬가지 이치로 선행도 모두 드러납니다. 겸손한 마음에 자신이 행한 선행을 아무리 감추려 해도 여기서는 명명백백하게 다 드러납니다. 그런데 이렇게 선행이나 악행이 드러난다고 해서 그것을 누가 판단해서 그에 합당한 벌을 주거나 상을 주는 것은 아닙니다. 그러니 지레 겁먹지 않아도 됩니다. 모든 일은 자신이 행한 대로 이루어지는 것이지 우리보다 더 높은 존재가 강제로 우리를 어디로 보내고 말고 하는 그런 일은 없습니다.

우리를 심판하는 존재는 없다!

이것을 불교의 경우에 빗대어 말해 볼까요? 불교의 정식 교리는 아니지만 민속불교적인 가르침에 따르면 그림에서 보는 것처럼 우리 인간이

업경대와 염라대왕의 판결

죽으면 염라대왕 앞으로 끌려 나가게 됩니다. 그때 우리 앞에는 업경대 (業鏡臺)가 놓여 있는데 이것은 우리가 생전에 행한 모든 업을 다 비추어 준다고 합니다. 그러니까 업경대는 업을 비추는 거울이라는 뜻이지요. 따라서 우리는 이 앞에서 조금도 거짓말을 할 수 없습니다. 염라대왕은 당 사자와 함께 그 거울을 보고 그가 생전에 했던 행위에 맞게 그를 극락이나 지옥에 보낸다는 것이 이 가르침의 내용입니다.

그런데 이 그림에는 문제가 있습니다. 우선 우리의 사후에는 염라대왕 같은 존재가 고압적으로 앉아서 우리를 심판하고 자기 마음대로 우리를 어느 곳이든 보내는 것과 같은 일은 없습니다. 설혹 그런 존재가 있다 하더라도 그는 우리를 심판하지 않습니다. 그리고 그림에서처럼 우리가 죄수처럼 묶여 나와 심판자 앞에 대령(待令)하는 일도 없습니다. 이 그림은 지나치게 봉건시대의 모습을 보여주고 있습니다.

그러나 이 그림에서 주의해서 보아야 할 것은 자신이 생전에 했던 일이 가감 없이 완전히 까발려진다는 것입니다. 거울의 이미지가 그렇습니다. 거울은 사물을 있는 그대로 비추지 자신이 자의적으로 왜곡해서 비추지 않습니다. 이 상황은 앞에서 스베덴보리가 말한 것, 즉 이 단계에서는 어떠한 거짓됨도 없이 자신이 있는 그대로 드러난다고 한 것과 일치합니다.

이와 꼭 일치하지는 않지만 비슷한 이야기가 이집트의 "사자(死者)의 서 (書)"에 전해집니다. 고대 이집트인들의 신앙에 따르면 사람이 죽으면 심판을 받아야 하는데 그 절차가 재미있습니다. 저울 한쪽에 사자의 심장을 올려놓고 그 반대편에는 신(지혜의 여신 마트)의 깃털을 놓습니다. 이것은 사자의 심장의 무게를 재는 것입니다. 이때 사자의 심장이 깃털보다 무게가 더 나가게 되면 이것은 당사자가 생전에 죄를 많이 지은 것을 의미합니다. 그러면 바로 옆에 있는 괴물이 사자의 심장을 먹어버린다고 합니

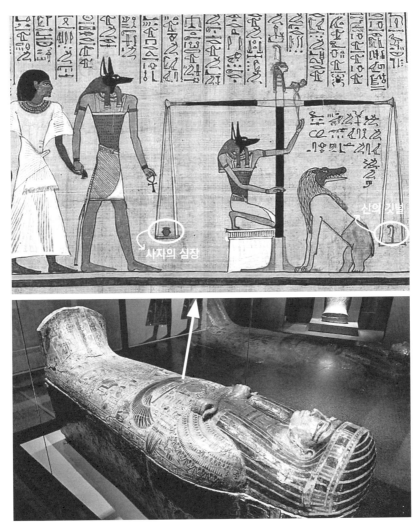

사자의 심장

신의 깃털

미라의 관 위에 그려져 있는 사자 심판 그림

다. 그렇게 된 영혼은 사후 세계로 가지 못하고 영영 이승과 저승 사이를 떠도는 벌을 받게 됩니다. 생명의 상징인 심장이 없어 영혼이 가야할 곳을 가지 못하고 헤매는 것입니다.

그러면 그 반대의 경우에는 어떨까요? 사자의 심장이 깃털보다 가벼운 것으로 판명되면 이 영혼은 구제를 받게 됩니다. 어떻게 구제받을까요? 이 영혼은 사후 세계로 보내져 육신이 부활해 다시 합해질 때까지 기다린다고 합니다. 이 영혼은 심장이 있기 때문에 육신을 갖고 부활할 수 있는 것입니다. 당시의 이집트인들은 우리의 육신이 부활한다고 믿었기 때문에 이런 신앙이 가능했던 것이지요. 이 내용을 진실로 받아들일 필요는 없지만 우리는 이 믿음에서 한 가지만 주목하면 되겠습니다. 즉 이 민속적인 신앙에서도 사람이 죽으면 당사자가 생전에 했던 일을 점검하는 일이 행해지고 있다는 것 말입니다.

이곳에 가지고 올 수 있는 것은 생전의 생각과 행위뿐!

그런데 이런 일을 하지 않는 영혼도 있다고 합니다. 그러니까 자신이 생전에 행했던 일을 점검하지 않는 영혼도 있다는 것입니다. 이런 영혼들은 어떤 영혼일까요? 영계에 들어왔는데도 여전히 일차적인 욕망에 사로잡혀 자신을 돌아보지 않는 영혼이 바로 그들입니다. 우리 주위에는 이런 사람들이 꽤 있습니다. 자신의 영적인 발전에는 아무 관심 없이 물질이나 돈, 섹스, 권력 같은 1차원적인 욕망만 탐하는 사람들 말입니다. 이런 사람들은 죽은 다음에도 지상에서 살 때처럼 정신 줄 놓고 별 생각 없이 살게 될 겁니다. 또 다시 세속적인 욕망만 좇으며 살 것이라는 것이지요.

그런데 본인은 자신의 과거에 대해 관심이 없다고 하더라도 자신이 생전에 행했던 것들이 없어지는 것은 아닙니다. 그 시점에서 가장 확실한 것은, 앞에서 누누이 이야기한 대로 영계로 진입할 때 가지고 가는 것은 생전에 행한, 말한, 생각한 모든 것뿐이라는 것입니다. 이승에서 본인이 소유했던 그 어떤 것도 가져 갈 수 없는 것은 물론 그 어떤 명예, 지위, 권력도 가져갈 수 없습니다.

여기서는 철저하게 본인이 영적인 발달을 위해 쌓은 것만 가지고 서로를 대하게 됩니다. 지상에서 아무리 유명했던 사람일지라도 그의 영적 발달 정도가 낮으면 그에 맞는 낮은(?) 자리에 있을 수밖에 없습니다. 반대로 지상에서 살 때에는 조용하게 살았지만 자신의 영성을 높이는 데에 열심이었던 사람은 훨씬 더 높은(?) 자리에 있게 됩니다. 이런 사실을 확실하게 안다면 지금 우리가 살고 있는 지상에서의 삶을 어떻게 살아야 하는지 곧 답이 나옵니다.

아무리 하찮은 것처럼 보이는 일을 하더라도 그 일을 어떤 생각으로 하고 있는지, 또 그 일을 하면서 만나는 사람들을 어떻게 대하는지가 훨씬 더 중요합니다. 어떤 일을 하든지 우리는 그것을 지혜(배움)와 자비(사랑)로 연결시켜야 합니다. 왜냐하면 이것만이 우리와 영원히 같이 가기 때문입니다. 이것만이 우리를 행복한 세계로 인도할 수 있습니다.

1차 영역 탐색은 대충 마쳤습니다. 이제 우리가 갈 곳은 2차 영역입니다. 이곳이야말로 진정한 의미에서 영계라 할 수 있습니다. 이곳은 내가 이 세상에 태어나기 전에 있던 곳으로 고향과 같은 곳입니다. 이제 왔던 곳으로 돌아갑니다. 그래서 한국에서는 누가 명을 다했을 때 '돌아가셨다'는 말을 쓰는지도 모릅니다. 원래 있던 데로 돌아가셨다는 뜻으로 쓰는 것 아닌지 모르겠다는 것이지요. 그런데 스베덴보리에 따르면 우리가 1차 영역에서 2차 영역으로 갈 때에도 안내해주는 영혼이 있다고 합니

다. 그래서 만일 이런 영혼이 있다면 우리는 이 영혼의 인도에 따라 길을
나서기만 하면 됩니다.

2차 영역에 들어서기

2차 영역은 어떻게 생겼을까, 그리고 누가 살고 있을까?

이제 우리는 1차 영역에서 할 일을 다 마치고 2차 영역에 들어왔습니다. 우리의 진정한 고향이라고 하는 이곳은 어떻게 구성되어 있을까요? 우리는 앞에서 우리의 영혼이 어떤 원리에 따라 움직이는가를 알기 때문에 이곳이 어떻게 돌아가는지에 대해서도 어느 정도 짐작할 수 있습니다.

우리는 지상에서도 성향이 비슷한 사람끼리 모여 살고 있습니다. 이른바 유유상종입니다. 이것은 당연합니다. 비슷한 사람끼리 모여 사는 게 편하고 좋기 때문입니다. 이것은 영계에서도 마찬가지라고 했습니다. 아니 영계에서는 이 비슷한 사람끼리 모이는 정도가 훨씬 더 강합니다. 그것은 우리의 영혼이 고유한 파동이 있는 에너지체이기 때문입니다. 사정이 이러하기 때문에 영혼들은 서로 이끌리고 배척하는 정도가 훨씬 강합니다. 비슷한 파동을 가진 영혼들은 자신이 원하든 원하지 않던지 그것에 관계없이 서로 끌리게 됩니다. 반대로 다른 파동을 가진 영혼들은 서로 붙어 있으려 해도 어쩔 수 없이 떨어지게 됩니다.

이런 원리에 따라 움직이기 때문에 이 영역은 파동이 비슷한 영혼끼리 모여 사는 공동체로 구성되어 있다고 보면 됩니다. 예수님도 이곳에 이런 공동체가 많다는 의미로 해석될 수 있는 말을 했습니다. 즉 '내 아버지 집에는 있을 곳(mansion)이 많다(요한 14:2)'고 한 것이 그것입니다.

이것을 앞에서 본 그리스의 성자 다스칼로스는 이런 식으로 말했습니다. 즉 영계에는 성스러운 도시들이 많이 있고 더 나아가서 다양한 종교나 종파를 믿었던 사람들을 위한 크지 않은 천국(local paradises)이 있다고 말입니다. 이 말을 있는 그대로 받아들이면 영계에도 생전에 믿었던 종교에 따라 우리의 거주처가 달라진다고 할 수 있겠습니다.

이 묘사는 한 쪽으로는 의구심이 들면서 또 다른 한 쪽으로는 이해되는 면이 있습니다. 의구심이 든다고 하는 것은 영계에 가서도 종교를 따지고 있기 때문입니다. 앞에서 우리는 영계에서는 사람을 대할 때 영혼의 성숙도만 가지고 판단하지 지상에서 무엇을 했는지는 관계없다고 하지 않았습니까? 그런데 지상에서 믿은 종교에 따라 가는 곳이 다르다고 하니 이상하다는 것입니다.

그러나 이해되는 측면도 있습니다. 지상에서 어떤 종교를 오래 믿으면 그 사람은 그 종교에만 있는 고유의 파동에 영향을 받게 될 것입니다. 그러면 그 종교를 믿는 사람들은 비슷한 파동을 갖게 될 것입니다. 앞에서 영계에서는 비슷한 파동을 가진 사람들끼리만 모인다고 했지요? 그렇다면 같은 종교를 믿었던 사람들이 같은 공동체에 속하게 되는 것은 이상한 일이 아닙니다. 하기야 지상에서 가톨릭 신부를 했던 사람이 죽어서 불교인들이 모여 사는 사람들이 있는 영역으로 가지는 않겠죠? 그런 점에서 다스칼로스의 말은 일리가 있다고 하겠습니다.

영계에도 층이 있고 구획이 있다

스베덴보리는 영계를 더 구체적으로 나누었습니다. 그에 따르면 영계는 3층의 천계와 3층의 하계로 구성되어 있습니다. 그러니까 합해서 6층이 되는 영계가 있는 것이지요. 그가 이렇게 3층으로 나눈 것은 유대-기독교 전통의 천계설을 그대로 이은 것 같습니다.

천계는 위로 갈수록 상위의 천국이 되어 더 밝고 즐거움이 많아지기 때문에 더 많은 행복이 있습니다. 위로 올라갈수록 더 순수하고 깨끗한 영혼들이 사는 곳이 됩니다. 하계는 그 반대로 보면 됩니다. 하계는 밑으로 내려갈수록 더 어둡고 고통이나 증오가 많아집니다. 내려갈수록 더 타락한 영혼들이 가는 곳이 됩니다. 스베덴보리는 이 하계, 즉 지옥에 대해서 구체적인 묘사를 하고 있는데 이것은 뒤에서 조금 더 자세하게 보려고 합니다.

그런데 스베덴보리에 따르면 이곳에서는 층 간(間)의 왕래가 불가능하다고 합니다. 특히 밑층에 사는 영혼들은 그 위층으로 갈 수 없다고 합니다. 이유는 간단합니다. 다른 층은 다른 파동을 가진 영혼들이 살고 있어 서로 섞이는 일이 가능하지 않기 때문입니다. 이것을 좀 더 정확히 말하면, 위층에 사는 영혼들은 파동이 빠른 에너지를 갖고 있어 더 많은 빛을 냅니다. 그래서 그보다 느린 파동을 가진 영혼들은 그 근처로 갈 수 없습니다. 다른 파동을 가진 영혼들은 지상에서 아무리 가까운 사이였다고 해도 만날 수 없습니다. 이곳은 철저하게 유유상종의 원리에 따라 움직이고 있기 때문입니다.

더 놀라운 것은 지상에서 부부 같은 아주 가까운 사이로 살았던 사람들도 이곳에서 반드시 계속해서 같이 있는 것은 아니라는 사실입니다. 이것은 스베덴보리가 주장한 것인데 이와 비슷한 주장이 원불교를 창시한 소태산 박중빈 선생의 가르침에도 보입니다.

소태산에 따르면 이 생에서 부부로 사는 것은 모르는 남녀가 여관에서 하루 밤만을 동숙한 것이나 다름없다고 합니다. 그는 우리 인간이 수도 없이 윤회전생한다고 가르쳤는데 그 많은 생에서 볼 때 한 생 정도는 그다지 긴 시간이 아니라는 것이지요. 아무리 부부라도 같은 진동수를 갖지 않았다면 그런 인연은 별 것 아니라는 것입니다. 그러나 부부가 같은 진동수를 가진 소울 메이트와 같은 관계라면 이들은 영계에서도 당연히 같이 있게 되겠지요.

다시 스베덴보리의 설명으로 돌아가면, 그는 이곳의 상황에 대해 조금 더 구체적으로 표현하고 있습니다. 그에 따르면 이곳에 있는 공동체에는 각 영혼의 내면 깊은 곳에 스며들어 있는 선이나 사랑의 정도에 따라 비슷한 파동수를 갖고 있는 영혼들이 모여 살고 있다고 합니다. 그러니까 우리가 얼마나 선한 생각을 많이 갖고 있고 다른 사람을 사랑하고 있는가에 따라 자신이 속한 공동체가 결정된다는 것입니다. 선한 생각이나 사랑의 마음을 많이 가진 영혼일수록 더 높은 하늘(영계)에 거할 테지요, 그들은 자기에게 맞는 영역에 도착해 자신이 지닌 사랑을 같이 나누면서 기쁨을 누릴 것입니다.

더 놀라운 이야기도 있습니다. 이것도 스베덴보리가 전하는 소식입니다. 우리가 이처럼 자신에게 꼭 맞는 공동체에 도착하면 그곳에 있던 영혼들이 아주 기뻐한다고 합니다. 자신들과 진동수가 같은 새로운 영혼이 도착했기 때문입니다. 그런데 개중에는 지상에서 살 때에는 한 번도 보지 못한 영혼들도 있다고 합니다. 서로 모르는 사이지만 그런 영혼들은 만나면 서로를 곧 알아보고 아주 기뻐한다고 합니다. 처음 만나는 것 같지만 서로를 오래된 친구처럼 느낀다고 하더군요. 비유해서 말하면 수십 년 만에 고향 친구를 만난 것 같은 반가운 마음과 비슷하다고 합니다.

사실 이 영계의 구성은 우리의 능력으로는 잘 알 수 없습니다. 우리들은 자기가 속한 공동체에만 머물 수 있어 다른 공동체로 자유롭게 다닐 수 없기 때문입니다. 그 이유는 앞에서 말했습니다. 따라서 우리는 이 영계에 얼마나 많은 공동체가 포진되어 있는지 잘 알지 못합니다.

이 사정은 스베덴보리에게도 적용됩니다. 스베덴보리 같은 고급의 영은 하계(지옥)에 가기 힘듭니다. 그의 영은 너무나 밝은 빛을 발할 것이기 때문에 어두운 지옥에 들어가는 것 자체가 힘듭니다. 그런 그가 하계의 곳곳을 다니면서 그곳의 실상을 목격할 수 있었던 것은 그를 안내하는 천사의 도움이 있었기 때문에 가능한 것이었습니다.

이런 한계 때문에 우리는 영계가 몇 개의 층으로 구성되어 있는지, 또 각 층에는 어떤 공동체가 있는지 잘 알지 못합니다. 스베덴보리는 영계를 6개의 층으로 나누었지만 그 또한 자의적인 것일 수 있습니다. 어떤 기준으로 나누느냐에 따라 더 간략하게 나눌 수도 있고 그 반대도 가능합니다. 더 세분화해서 나눌 수도 있다는 것입니다. 더 알 수 없는 것은 수평적으로 얼마나 많은 공동체가 있는가에 대한 것입니다. 이것에 대해서는 정말로 알 수 없다는 말밖에는 할 말이 없습니다. 그래서 예수님도 그저 영계에는 거처가 많다고 한 것 아닐까요?

2차 영역에서 하는 일은?

이렇게 귀환한 2차 영역에서 각 영혼들은 무슨 일을 할까요? 앞에서 본 다스칼로스나 마르티누스 같은 분들에 따르면 우리는 이곳에서 영적인 데에 관심을 갖고 그것을 발전시키는 일을 한다고 합니다. 자기가 원래 있었던 공동체로 돌아와 오래된 새 친구들을 다시 만난 기쁨을 충분히 누린 후 자신의 영적 성장을 위해 도모하기 시작하는 것입니다.

이 두 선지자들에 따르면 우리가 1차 영역에 있을 때에는 아직 지상에서 살던 기억이 많이 남아 있어 관심을 물질적인 환경을 만드는 데에 더 많이 기울인다고 합니다. 물론 진짜 물질로 환경을 만든다는 게 아니라 사념(思念)으로 지상의 물질계와 동일한 환경을 만든다는 것입니다. 그렇게 몇 번 해보다가 그런 작업이 의미가 없다는 것을 알게 되면 영혼은 서서히 이 영역을 떠나려고 할 것입니다.

그렇게 해서 이 영혼이 2차 영역으로 넘어오면 물질계에는 더 이상 관심을 두지 않고 오로지 영적인 데에만 힘을 쏟게 됩니다. 여기서 하는 영적인 공부는 개인마다 워낙 차이가 많아 일률적으로 무엇이라고 말하기 힘듭니다. 영적으로 뛰어난 영혼이 하는 공부와 평범한 영혼들이 하는 공부는 내용이 많이 다를 터이니 하나로 이야기할 수 없을 것입니다. 이것은 당연한 것입니다. 그들이 머무는 영역이 다를 터이니 공부하는 내용이나 수준이 다른 것은 당연한 것 아니겠습니까.

그런데 이곳에는 이 영혼들이 공부하는 것을 도와주는 아주 높은 영혼들이 있다고 합니다. 이런 영혼들에 대해서는 자세히 모르기 때문에 더 이상 설명하는 일이 곤란합니다. 그런데 위에서 본 선지자들도 같은 이야기를 하고 있습니다. 이것은 앞에서도 이미 언급한 것인데 그들의 증언에 따르면 영계에는 우리들을 여러 모로 도와주고 안내해주는 고급령이 있다고 합니다. 만일 이런 영이 있다고 한다면 우리는 그들의 안내를 잘 받으면 되겠습니다.

이 고급령들은 흡사 교사와 같은 역할을 한다고 합니다. 지상에서도 뛰어난 교사들은 학생들을 잘 파악해서 적절한 가르침을 줍니다. 그들은 자신이 가르치는 학생의 성향이 어떻고 지금의 수준은 어떠하며 무엇을 공부하면 학생이 발전할 수 있을지를 정확히 알아냅니다. 그래서 그에 맞게 공부 내용과 '스케줄'을 짜 줍니다. 이 고급령들이 바로 그런 역할을 한다고 하니 우리는 그들의 지침을 잘 따르면 됩니다.

그런데 지금까지 말한 과정은 가장 이상적인 경우를 말한 것입니다. 이렇게 영계에 잘 적응하고 그곳에서도 자신의 영적인 발달을 위해 매진하는 영혼은 많지 않기 때문입니다. 지금도 우리의 주위를 돌아보면 자신의 영성을 발전시키기 위해 노력하는 사람은 많지 않습니다. 이 사정은 영계에서도 마찬가지일 겁니다. 이승에서 삶을 허비한 사람은 영계에 가서도 같은 실수를 저지를 확률이 높습니다. 특히 스베덴보리가 말한 하계(지옥)에 사는 영혼들은 영적인 발달 같은 것에는 전혀 관심이 없습니다.

정리

이 정도의 설명이면 여러분들은 사후 세계가 어떻게 펼쳐지는지에 대해 그 대강을 알았을 겁니다. 여러분들의 이해를 위해 다시 한 번 간략하게 정리해보지요. 우리 인간은 사후에 영혼(의식체)으로서 계속 존재할 뿐만 아니라 성향이나 성숙도 면에서 가장 비슷한 영혼들과 같이 있게 됩니다. 그때 우리의 영혼에는 지상에 있을 때 행하고 생각한 모든 것이 고스란히 저장되어 있습니다.

이곳에는 거짓이나 위선, 허세가 없습니다. 영혼이 지니고 있는 모든 것이 즉시로 공개됩니다. 그때 영혼을 가늠하는 잣대가 되는 것은 그 영혼이 행한 선(善)의 정도와 영의 순도(純度)입니다. 이것을 색깔로 판별해 보면, 순도가 높은 영일수록 짙은 파랑이나 보라색을 띠면서 밝게 빛납니다. 자신의 영을 이렇게 만드는 일은 우리가 살면서 남을 얼마나 배려했는지, 자신의 영성을 고양시키기 위해 얼마나 많이 공부했는지에 달려 있습니다. 이런 원리에 맞추어 살아야 고통이 줄어들 수 있습니다. 그렇지 않으면 우리는 똑같은 실수를 반복해서 저지르면서 한없는 고통 속에 살게 됩니다.

이런 원리를 알면 지상에서 사는 삶이 얼마나 소중한 것인가를 알게 됩니다. 지상에서 행한 모든 것이 그대로 영계로 전달되고 지상에서 성취한 영의 성숙도가 영계에서도 유지되기 때문입니다. 따라서 여러분들이 보다 나은 사후의 삶을 누리고 싶다면 지금 여기에서 끊임없이 노력을 해야 합니다. 그러나 미래를 위해 현재를 희생시키라는 것은 아닙니다. 단지 지상에 있던 영계에 있던 자신의 영적 성숙을 위해서 노력을 아끼지 말라는 것입니다.

이제 영계에 대한 설명은 대강 다 끝났는데 마지막으로 영혼이 영계에 들어오는 초기 단계와 관련해서 주의해야 할 것이 있어 그것에 대해 말하고자 합니다. 이것은 자칫 실수하기 쉬운 사안인데 사람들이 잘 모르고 있어 알리고자 하는 것입니다. 이 상황을 제대로 알면 쓸데없는 시행착오를 줄일 수 있어 알리려는 것이지요. 도대체 그것이 무엇일까요?

영계에 들어왔을 때 주의해야 할 일은?

자신이 육신으로는 생을 다했다는 것을 빨리 인정하기

우리가 지상에서의 삶을 접고 영계로 들어왔을 때 가장 유념해야 할 것은 '내가 (육신으로서는) 죽었다'는 것을 빨리 깨달아야 한다는 것입니다. 이 말을 들으면 설마 그럴까 하는 사람들이 많이 있을 겁니다. '아니 자기가 죽은 걸 어찌 모른다는 말인가? 그게 말이 되는가?' 하면서 말입니다.

그런데 신비가들의 주장에 따르면 자신이 죽었는지 모르고, 다시 말해 육신으로 살았던 생이 끝났다는 사실을 모르는 영혼이 의외로 많다고 합니다. 이런 영혼들은 자신이 영계에 왔다는 사실을 모른 채 지상에 사는 사람 주위를 떠돌아다닌다고 합니다. 만일 자신이 애지중지하던 아들을 지상에 두고 세상을 떠났다면 계속해서 그 아들 주위를 맴도는 것 같은 것이 이 경우에 해당한다고 하겠습니다.

따라서 이런 영혼들에게는 1차 영역이나 2차 영역 같은 것이 의미가 없습니다. 그런 곳이 있다는 것도 모르고 있을 터이니 그곳으로 갈 생각을 하지 못합니다. 이런 영혼들은 지상에서 살 때 자신들이 거주했던 곳이나 인연이 있는 사람들 사이를 왕래하면서 헤매고 다닙니다. 그러면서 아마 이상하다는 생각을 할 수도 있을 겁니다. 왜냐하면 자신은 지상의 모습이나 사람들이 다 보이는데 그곳에 있는 사람들에게 무슨 말을 해도 전달이 되지 않으니 말입니다. 사람들이 다 보이니 아직도 자신이 지상에 있는 것 같은데 당최 소통이 안 되니 이상하다는 생각을 할 수 있다는 것입니다.

사후에 자신이 죽은 줄 모르고 헤매는 영혼을 그린 영화들에 대해

앞에서 이런 영혼들, 즉 자신이 죽은 줄 모르고 헤매는 영혼들이 적지 않다고 했지요? 그런데 이런 생각들이 사람들 사이에 천천히 퍼져나가 사회적인 공감대를 형성한 모양입니다. 상황이 이렇다는 것을 어떻게 알 수 있을까요? 그것은 다른 어떤 것보다도 2000년을 전후로 이런 주제를 다룬 영화가 적지 않게 나온 것을 통해 알 수 있습니다. 죽은 영혼이 자신이 죽었다는 것을 모르고 지상을 헤맨다는 것은 아주 좋은 영화의 소재일 겁니다. 이런 좋은 소재를 기민한 감독들이 놓칠 리가 없습니다.

감독들은 이 모티프를 영화 밑에 깔고 여기에 스토리라인을 붙이면 얼마든지 좋은 영화가 나올 수 있다고 생각했을 겁니다. 이런 주제로 만든 영화는 공포물 같은 긴장감도 주겠지만 동시에 이 설정이 그냥 상상 속의 세계가 아니라 실제의 모습이기도 하니 그 현실성, 즉 리얼리티가 대단할

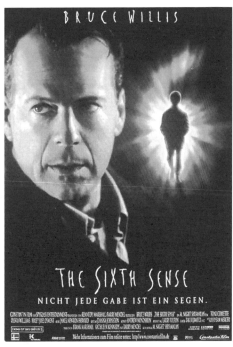

식스 센스

겁니다. 잘 알려진 것처럼 이런 영화 중에 제일 먼저 나온 게 '식스 센스'입니다. 이 영화는 1999년에 나왔으니 2000년을 전후 이런 주제의 영화들이 나오기 시작한 것을 알 수 있습니다.

이 영화는 마지막에 반전이 대단했지요. 관객들은 주인공인 브루스 윌리스가 영화가 상영되는 내내 살아 있는 사람인 줄로 생각했다가 영화 거의 마지막에 가서 그가 사실은 영혼이었다는 사실을 깨닫게 됩니다. 주인공인 본인도 자신이 죽은 줄 모르고 살아 있는 사람들 사이를 누비고 다녔으니 관객들도 그 사실을 눈치 채기가 힘들었을 겁니다. 그런데 이것은 감독이 없는 사실을 지어서 만든 게 아니라 실제로 많이 일어나는 일을 가지고 영화를 만든 것입니다. 영화 전반을 보면 이 방면에 충분한 지식을 가지고 있는 작가가 시나리오를 쓴 것을 알 수 있습니다. 감독이 인도 사람이라 이런 주제에 더 친숙했을 수도 있습니다.

같은 주제를 다룬 그 다음 영화는 '디 아더스'입니다. 2001년에 나왔으니까 식스 센스가 선풍적인 인기를 끈 직후에 나온 영화입니다. 이 영화의 전개 또한 극적입니다. 영화 내내 어두운 분위기가 지속됐는데 주인공인 니콜 키드만과 그의 자식 두 명 역시 죽은 영혼들입니다. 그들은 죽었음에도 불구하고 여전히 자신들이 살아 있다고 생각해 온 집안을 헤매고 다닙니다. 집을 떠나지 못하고 있는 것이지요. 이 영화가 음울한 것은 주인공이 거의 집 밖으로 나오지 않기 때문입니다. 집 안에서도 빛이 못 들어오게 커튼을 치고 있으니 영화가 어두울 수밖에 없습니다.

이 영화의 특이한 점은 영화 내내 등장하는 인물들이 대부분 영혼이라는 점입니다. 육신을 갖고 살아 있는 사람은 영화의 거의 마지막 부분에 강령회(降靈會)를 할 때 아주 잠깐 나옵니다. 자꾸 '유령'이 출몰하니까 그 집에 진짜로 살고 있던 사람들이 영매를 불러 그 사정을 알아보려고 강령

한국 사자(死者)의 서(書)

디 아더스

회를 연 것입니다. 그러나 '유령'으로 출몰하던 니콜 키드만이 워낙 강하게 집에 집착하면서 떠나지 않으려고 하니 그 집에 살던 사람들이 그 집을 버리고 떠납니다. 이 영화의 마지막 장면이 아주 강렬했습니다. 그 떠나는 가족들을 보면서 니콜은 자식 둘과 함께 집 안에서 이 집을 끝까지 고수하겠다는 다짐을 하는 장면이었지요.

이런 영화들은 사후 세계에 대해 기본적인 지식이 없는 사람에게는 괴기스릴러에 불과한 것으로 보일 수 있습니다. 그래서 감독이 설정해놓은 여러 장면 가운데 이해하지 못하고 놓치는 것이 많이 있을 수 있습니다. 이런 영화들의 흐름을 보면 감독이나 작가가 이 주제에 대해 많은 공부를 했다는 것을 알 수 있습니다. 그래서 각 장면 마다 감독이 사후 세계와 관련해 흥미로운 사인(sign)을 심어 놓는데 이것을 읽어낼 수 있어야 이 영화를 제대로 감상할 수 있습니다.

그리고 이런 영화를 통해 우리는 미국에서는 이런 주제가 상당히 수용되고 있다는 것을 알 수 있습니다. 이런 주제가 사람들에게 먹히니까 그 많은 돈을 들여서 이같은 영화를 만들지 사람들이 이런 주제에 깜깜하면 이와 같은 유의 영화는 만들지 않을 겁니다. 아니 만들지 못할 겁니다. 영화 제작에 돈을 댈 제작자가 나서지 않을 테니까요. 반면 한국에서는 이런 주제에 대해 이해가 부족하니까 비슷한 유의 영화들이 거의 나오지 않는 것입니다.

이 이외에도 많은 영화들이 비슷한 주제를 다루고 있습니다. 가령 2009년에 제작된 리암 니슨 주연의 "에프터라이프"도 그런 유에 속한 영화입니다. 여기서 리암 니슨은 장의사로 나와 갓 죽은 여주인공의 시신을 정리하면서 그녀와 계속해서 대화를 나눕니다. 대화의 주된 내용은 '당신은 죽었으니 그 사실을 받아들이고 삶에 대한 애착을 버리라'는 것이었죠.

또 유명한 TV 드라마로 "고스트 위스퍼러(영혼의 속삭임을 전해주는 사람)" 같은 것도 비슷한 주제를 다루고 있습니다. 이 드라마는 실제의 인물이 겪은 이야기를 바탕으로 만든 것입니다. 이 여자 주인공은 영혼을 볼 수 있는 능력을 가졌는데 이 능력을 가지고 영계로 가지 못하고 이승을 떠도는 영혼들을 돕는 그런 내용입니다. 이 영혼들은 대부분 사고로 갑자

고스트 위스퍼러

기 죽은 영혼들이었기 때문에 이승에 있는 친지들에게 할 말이 많은 등 이승에서 할 일을 제대로 못하고 떠났습니다. 그래서 그들과 대화를 할 수 있는 주인공이 그 소식을 지상에 있는 영혼의 가족들에게 전하면 이 영혼이 안심하고 이승을 떠난다는 그런 내용이지요.

죽은 영혼을 보는 사람은 이 드라마에만 나오는 것이 아닙니다. 앞에서 본 영화 식스 센스에서도 죽은 영혼들을 보는 사람이 나옵니다. 죽은 브루스 윌리스와 함께 영화 내내 대화를 나눈 꼬마(콜)가 바로 그런 사람입니다(콜은 p.107에 있는 사진 중 첫번째 사진에 있다). 이 아이는 영혼들을 눈으로 볼 수 있었기 때문에 브루스 윌리스의 영혼과 계속해서 대화를 할 수 있었던 것이었죠. 이 꼬마는 영화 속에서 어떤 죽은 영으로부터 전갈을 받고 그 가족 내의 문제를 풀어준 적도 있었습니다.

이 주제에 대한 영화나 드라마를 더 이상 다루지 않아도 제가 전하려고 하는 메시지는 충분히 전달된 것 같습니다. 자기가 죽었다는 것을 모르는 영혼이 의외로 많다는 것이지요. 그런데 문제는 이것입니다. 왜 자신이 죽었다는 것을 모르는 영혼이 이렇게 많을까요? 이런 영혼이 별로 없다면 이런 것을 주제로 영화를 만들지 않았을 겁니다. 그러나 워낙 많은 영혼들이 같은 처지에 있으니까 사람들이 이런 영화를 만들었고 또 그 사실에 공감하는 사람들이 이 같은 영화를 보았을 겁니다. 그런데 도대체 영혼들은 왜 자신이 죽었다는 사실을 받아들이기가 어려울까요? 이 질문에 대답하려면 우리는 영계가 어떤 원리로 돌아가는지 알아야 합니다. 그래야 위의 의문을 풀 수 있습니다.

영계는 어떤 원리로 돌아갈까?
— 내 사념이 외부 환경을 만들어낸다!

위의 질문에 대답하려면 영계가 이 지상 세계와 어떻게 다르게 굴러가는지를 알아야 한다고 했습니다. 이에 대해서 앞에서 이미 조금 보았는데 여기서는 그것을 종합해서 좀 더 자세히 보겠습니다. 아마 여기까지 주의 깊게 읽은 독자들은 그 원리를 금세 알아차렸을 겁니다. 답은 예상하셨겠죠? 죽은 영혼이 자신이 처해 있는 곳이 영계라는 사실을 눈치 채지 못하는 이유는 그곳(영계)에서도 지상에서와 똑 같은 삶 혹은 똑 같은 환경이 펼쳐지기 때문입니다.

어떻게 이런 일이 가능할까요? 이에 대해서도 앞에서 이미 부분적으로 보았습니다. 지금 눈을 돌려 우리의 주위를 봅시다. 우리가 어디서 무엇을 하던 우리 주위에는 일정한 환경이 있습니다. 이 환경은 내 의지와 관계없이 객관적으로 펼쳐져 있습니다. 내가 보고 싶다고 해서 보이는 것도 아니고 내가 보고 싶지 않다고 해서 없어지는 것도 아닙니다. 그냥 내 주위에 객관적으로 있습니다.

영계에서는 이와 다르게 주변 환경이 펼쳐집니다. 영계에서 내 앞에 나타나는 환경은 내 영혼이 자신의 생각, 즉 사념으로 만들어낸 것이기 때문입니다. 지상에 있을 때에는 나의 주관과는 관계없는 객관적인 환경이 펼쳐졌지만 여기서는 내가 생각하는 주관적인 환경만이 존재합니다. 다시 말해서 영계에서는 내가 보고 싶은 것만, 혹은 내가 생각한 것만이 내 앞에 나타난다는 것입니다.

예를 들어 볼까요? 만일 어떤 영혼이 이곳에서 지상에서 살던 집을 생각하면 그 집이 그 영혼 앞에 나타납니다. 환경이 만들어지는 것이지요.

또 지상에서 알던 사람을 생각하면 그 사람이 바로 앞에 나타납니다. 물론 이때 나타난 사람은 진짜 그 사람의 영혼이 아니라 자신이 사념으로 만들어낸 사람입니다.

한 번 예를 들어볼까요? 지상에서 평생을 은행원으로 살았던 사람이 있다고 합시다. 이 사람의 뇌리에는 자신이 근무했던 은행에 대한 이미지가 굉장히 강렬할 것입니다. 그에게 가장 익숙한 환경은 은행 내부일 겁니다. 그래서 그는 자연스럽게 은행에 대한 이미지를 뇌리에 담고 있습니다. 그런 그가 자신의 뇌리에 가득한 은행을 생각하면 즉시로 그의 앞에는 그 은행의 내부 모습이 재현됩니다. 그가 생각한 그대로 은행 내부의 모습이 펼쳐집니다. 거기서 그치지 않고 그와 같이 일했던 여러 사람들도 재현됩니다. 물론 이 사람들 역시 그의 사념이 만들어낸 이미지들입니다. 사정이 이러니 자신이 죽은 줄 모르는 게 당연한 것 아닐까요?

또 다른 재미있는 예가 있습니다. 어떤 북미 인디언들의 민속 신앙에는 그들이 죽게 되면 아주 즐거운 사냥터(happy hunting ground)에서 다시 태어난다는 믿음이 있다고 합니다. 그곳에 가면 자신이 원하는 대로 마음 놓고 사냥을 실컷 할 수 있다고 하지요. 자기가 원하는 동물들을 마음껏 잡을 수 있는 것입니다.

그런 생각을 갖고 어떤 인디언이 죽었다고 합시다. 그러면 그 인디언은 영혼 상태에서 그런 곳을 상상하게 되겠죠? 그 순간 이 영혼 앞에는 그런 사냥터가 실제로 펼쳐집니다. 그러면 그는 그곳에서 마음대로 자기가 잡고 싶은 동물들을 잡으면서 다닐 겁니다. 물론 이 사냥터는 말할 것도 없고 이곳에서 뛰어다니는 동물들도 이 인디언이 자신의 사념으로 만들어낸 것입니다. 그래서 그는 자신이 죽은 줄도 모르고 그곳에서 사냥 삼매에 빠질 겁니다.

이러한 상황이 얼마나 지속될지는 해당 영혼에 따라 다르기 때문에 여기서 무엇이라 말하기는 곤란합니다. 참고로 말하면, 이러한 믿음 때문에 영어 표현법에서 'happy hunting ground'는 자신이 원하는 것을 쉽게 찾을 수 있는 장소라는 뜻으로 쓰이고 있습니다.

영화 "천국보다 아름다운(What Dreams May Come)"에 나타난 영계의 모습

여기서 또 미국 영화 이야기를 하나 더 해야겠습니다. "천국보다 아름다운"이라는 제목의 영화인데 이 영화는 수많은 영화 가운데 영계의 사정을 가장 잘 표현한 영화라고 할 수 있습니다. 이 주제와 관련해서 제가 세상에 나온 영화들을 다 본 것은 아니지만 이 영화만큼 영계를 잘 표현한 영화는 아직 보지 못했습니다(사실 이 영화보다 더 영계를 생생하게 표현한 영화가 있습니다마는 브라질 영화라 소개하지 않았습니다. 관심 있는 분은 유튜브에 "Astral City"라고 쳐보십시오. 영화 전체가 영어 자막과 함께 나옵니다. 이 영화는 브라질의 유명한 영매였던 치코 자비에르의 증언(책)에 따라 만들어졌습니다. 저는 개인적으로 이 영화를 강력히 추천합니다).

이 영화는 장면 하나하나에 영계와 관련해 많은 의미를 담고 있습니다. 그래서 영계의 구성 원리를 모르면 이 영화는 제대로 감상할 수 없습니다. 그냥 보면 그저 해피엔딩의 가족 영화처럼 보일 수 있습니다. 다만 영화의 배경이 영계라는 특이한 사실만 빼면 별 의미 없는 영화처럼 보일 수 있다는 것이지요.

이 영화는 영계의 사정을 잘 아는 사람과 같이 보아야 그 진가를 알 수

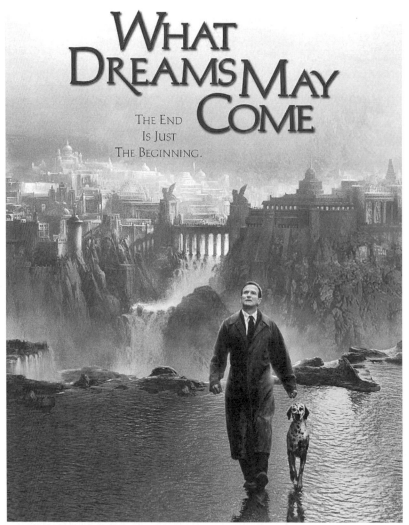

천국보다 아름다운

한국 사자(死者)의 서(書)

있습니다. 장면 마다 설명을 들어야 하기 때문입니다. 설명을 듣지 않으면 왜 저런 장면이 나오는지 알 수 없습니다. 대사를 들어도 그것이 무슨 뜻인지 모릅니다. 이 영화를 보고 저는 이 영화의 시나리오는 이 주제에 대해 아주 공부를 많이 한 사람이 썼다는 것을 알 수 있었습니다. 그러지 않고서는 이런 각본이 나올 수 없기 때문입니다. 동시에 저런 시나리오가 나올 수 있는 미국의 수준이 놀라웠습니다.

여기서 이 영화를 처음부터 끝까지 검토할 수는 없습니다. 우리의 주제에 부합되는 것만 보아도 이야기 거리가 꽤 많습니다. 먼저 이 영화의 줄거리를 잠깐 보아야 하겠습니다. 먼저 주인공(로빈 윌리암즈)은 자신의 아들과 딸을 사고로 잃습니다. 그 뒤에 자신도 어떤 교통사고를 수습하다 죽게 됩니다. 그 뒤 화가인 부인은 온 가족을 잃은 슬픔에 자살을 합니다. 이 영화의 본론은 주인공이 영계에 도착해 그곳서 벌어지는 일로 시작됩니다. 이곳에서 그는 죽은 자식들을 만나고 심지어는 사고 때 같이 죽은 개도 만나게 됩니다.

그런데 문제는 자살로 죽은 처였습니다. 그녀는 자살을 한 관계로 다른 가족들과 상봉하지 못하고 어떤 외딴 곳에 갇혀 있었습니다. 그 사실을 알아차린 주인공은 자신의 지도 교수였던 영혼의 도움을 받아 부인을 그곳에서 가까스로 구출하는 데에 성공합니다. 그리고 온 가족이 다시 만나 천국에서 사는 것으로 해피엔딩을 하게 됩니다.

이 영화는 주인공이 죽은 직후부터 본론이 시작됩니다. 주인공은 죽은 직후 자신이 꿈꾸는 세상을 만납니다. 굉장히 아름다운 세상을 만난 것입니다. 그래서 그는 자신이 천국에 왔다고 생각합니다. 그런데 가만히 보면 그 풍경은 이미 영화 전반부에 나왔습니다. 그 풍경은 화가인 그의 아내가 그렸던 그림과 같은 풍경이었습니다.

주인공이 설정한 천국 풍경(그의 아내가 그린 그림과 일치한다)

영계를 그린 모습들

그런 풍경이 그의 앞에 펼쳐진 이유는 그가 생전에 아내의 그림을 보면서 '저런 곳은 천국일 거야'라고 생각했기 때문일 겁니다. 그 생각은 그의 뇌리에 깊숙이 저장되었을 것이고 그 덕에 그가 영혼이 된 다음에 그 기억을 떠올렸을 겁니다. 그러자 외경이 그의 생각대로 펼쳐진 것입니다.

관객이 만일 이때 나타난 광경이 그의 아내가 그린 그림이 외현화된 것이라는 사실을 놓치면 이 영화가 전하고자 하는 바를 알아차릴 수 없습니다. 그런데 영계에 대해서 공부하지 않은 사람은 이 사실을 알기가 쉽지 않습니다. 그래서 이 영화는 이 주제에 대해 잘 아는 사람과 같이 보아야 한다고 한 것입니다.

장면이 바뀌고 또 다른 아름다운 곳에서 그는 그를 인도하는 자신의 상사(교수)를 만납니다. 나중에 이 상사는 아들이 변장해서 나온 것으로 판명됩니다마는 이에 대한 설명은 생략하겠습니다. 어떻든 여기서 그는 이 상사로부터 이 세계(영계)에 나타나는 모든 것은 어느 누구도 아닌 주인공 자신이 생각으로 만든 것이라는 가르침을 받습니다. 이것은 우리가 지금까지 보아왔던 것과 일치합니다.

그러다 그는 하늘 위에 있는 새를 발견합니다. 충분히 예상할 수 있는 것과 같이 그 새 역시 그가 만들어낸 것이지요. 주인공은 곧 '왜 저 새는 움직이지 않느냐'고 묻습니다. 그러자 상사는 '당신이 원하는 순간 움직일 것'이라고 대답합니다. 그러는 순간 새는 활기차게 날아옵니다. 다시 주인공이 '급강하시킬 수 있는가'고 묻자 새는 바로 급강하 합니다. 다시 주인공이 '날개를 청록과 자주색으로 바꿀 수 있는가' 하자 새 날개의 색깔이 그대로 바뀝니다. 여러분들은 이 모든 것이 주인공이 생각하는 대로 펼쳐졌다는 것을 이제 알 수 있겠지요.

그 다음 순간이 재미있습니다. 날아가던 새가 갑자기 주인공에게 똥을 갈깁니다. 영화에서는 이에 대해 아무 설명도 안 합니다마는 우리는 이 상황을 설명할 수 있습니다. 앞에서 본 이론으로 설명할 수 있다는 것입니다. 우리가 지상에서 내 위를 날아가는 새를 볼 때 '혹시 저 새가 똥을 싸면 내가 맞지 않을까? 그러면 더러워서 어떻게 하지' 하면서 걱정을 하는 경우가 더러 있지 않습니까? 이런 생각은 우리들 누구나가 했던 생각일 것입니다. 이 영화에서도 아마 이 순간에 주인공이 그런 생각을 한 것 같습니다. 그 생각을 하는 순간 새가 똥을 쌌기 때문입니다. 이처럼 이 세계는 우리가 생각하는 대로 돌아가기 때문에 이런 일이 일어난 것입니다.

이 영화 전체에서 특히 이 장면은 영계가 나타나는 모습을 아주 적나라하게 보여주고 있습니다. 비슷한 이야기는 극락세계에 대해 설파하는 불교의 경전에서도 발견됩니다. 이 경전 역시 우리가 죽어서 영계(불교 용어로는 중음계)에 가면 모든 것이 우리가 원하는 대로 펼쳐진다고 주장합니다. 이 주장은 지금까지 우리가 보아왔던 것과 정확히 일치합니다. 그래서 만일 당사자가 강이 있었으면 하고 바라면 곧 강이 생길 뿐만 아니라 물의 높이나 온도도 자신이 바라는 대로 조절할 수 있다고 합니다. 예를 들어 강물이 허리까지 찼으면 좋겠다고 소원하면 바로 그렇게 되고 물이 조금 따뜻하면 좋겠다고 생각하면 곧 물이 따뜻해집니다.

영계가 이러한 원리로 움직인다는 것은 우리에게 복음이 될 수도 있고 저주가 될 수도 있습니다. 그 이유는 충분히 짐작할 수 있겠지요? 생전에 좋은 것을 많이 생각한 사람은 영계에 와서도 좋은 생각을 할 터이니 그의 앞에는 당연히 좋은 경광이 펼쳐지겠지요. 이런 사람에게는 이런 원리가 복음처럼 들릴 겁니다. 거꾸로 생전에 남을 괴롭히는 등 나쁜 일을 많이 한 사람은 영계에 와서도 나쁜 마음을 가질 터이니 그의 앞에는 무서운 경광이 펼쳐질 것입니다. 이것 역시 마음이 그대로 투영된 것인데 이런 경광이 그에게는 무서운 지옥과 같을 것입니다.

자꾸 반복되는 이야기이지만 이 사정을 잘 안다면 우리가 생전에 어떻게 살아야 하는지에 대한 대답이 명약관화(明若觀火)하지 않습니까? 답은 간단하지요. 세계의 고등종교에서 가르친 대로 살면 됩니다. 물론 이 종교들 안에 들어 있는 도그마적인 것은 빼고 말입니다.

이 영화 이야기는 아직 안 끝났습니다. 앞에서 주인공의 아내가 자살했다고 했습니다. 이 부인은 죽어서 아주 어두운 방 속에 홀로 있게 됩니다. 이것 역시 일리가 있는 설정입니다. 이 상황은 근사체험자 가운데 자살했다 다시 살아난 사람들의 증언과 일치하기 때문입니다. 이런 사람들이 주장하기를, 자살한 사람들은 죽게 되면 한동안 아무 것도 없는 깜깜한 세상을 경험한다고 합니다. 안내해주는 영도 없고 친지들도 마중나오지 않는다고 합니다. 아무도 없는 깜깜한 공간에 홀로 있는 자신을 발견한다고 합니다.

여러분들은 이런 공간이 왜 생겼는지에 대해 짐작할 수 있을 겁니다. 앞의 이론에 따르면 이것 역시 그 사람의 마음 상태가 투영된 것입니다. 왜 그녀는 아주 어두운 공간에 처하게 되었을까요? 그 이유는 충분히 짐작할 수 있습니다. 그의 암울한 마음이 그대로 투영되니 깜깜한 공간이 생긴 것입니다. 그러면 왜 아무도 마중을 나오지 않았을까요? 이것 역시 그가 스스로 만든 설정입니다. 그는 자살을 함으로써 스스로 세상과 연을 끊고 다른 사람과 단절하려고 했으니 아무도 나오지 않은 것입니다. 그가 바라는 대로 된 것입니다. 이처럼 이 세계에는 '뿌린 대로 거두리라'는 인과론이 철저하게 이행되고 있음을 알 수 있습니다.

앞에서 본 바와 같이 자살을 한 영혼은 자신만의 세계에 갇혀 있습니다. 그리고 다른 사람과 접촉하지 않습니다. 그런 까닭에 그런 영혼을 찾는 일은 쉽지 않습니다. 이 영화는 그 상황을 그대로 표현하고 있습니다. 주인공은 자신의 아내가 죽은 지 모릅니다. 이것을 가르쳐준 사람은 생전에 모셨던 그의 지도 교수였습니다. 이 교수는 영이 매우 높은 영혼으로 나옵니다. 앞에서 그런 이야기를 했지요? 이곳에는 영이 높은 영혼이 있어 다른 영혼을 도와주고 있다고 말입니다.

   이 소식을 들은 주인공은 아내를 찾아가고 싶은데 본인의 능력으로는 갈 수 없습니다. 자살한 사람이 속한 세계와 그가 속한 세계가 워낙 달라 그 혼자 힘으로는 갈 수 없는 것입니다. 우리는 앞에서 이 사정에 대해 보았지요? 영계에서는 파동이 다른 영혼이 있는 곳으로 가는 일이 쉽지 않

자살한 아내를 지옥(?)에서 만나지만 아내는 그를 알아보지 못한다.

다고 말입니다. 그러나 영이 높은 영혼의 안내를 받으면 갈 수 있습니다. 마치 스베덴보리가 천사의 도움을 받아 하계로 갔듯이 말입니다.

   그래서 주인공은 지도 교수의 보호 하에 아내를 찾으러 떠납니다. 영화에서는 그 가는 길을 아주 험난하게 그리고 있습니다. 이 상황도 이해할 수 있습니다. 자살한 영혼은 어떻든 살인을 한 것이기 때문에 일정한 지

옥에 있다고 볼 수 있습니다. 그런 곳을 가자니 험난한 곳을 지날 수밖에 없었겠지요. 두 사람은 천신만고 끝에 아내를 찾았지만 이번에는 아내가 주인공을 알아보지 못합니다. 이것은 조금 과도한 설정인 것 같은데 그래도 그 의미를 이해할 수는 있습니다. 아내는 자신보다 높은 곳에서 온 영혼을 몰라본 것이라고 이해할 수 있기 때문입니다. 어떻든 여기서 주인공은 사력을 다해 아내의 의식을 회복시켜 자신을 알아보게 만듭니다. 그리고 그녀를 자식들이 있는 밝은 천국으로 데려오는 것으로 영화는 끝이 납니다.

이것 말고도 이 영화에는 단테의 신곡을 패러디한 모습이 보이는 등 영계와 관련해 실로 많은 코드가 담겨 있습니다. 그래서 앞에서 영계에 대한 지식이 없이 보면 이 영화에서는 아무 것도 건져내지 못한다고 한 것입니다. 아무 선지식 없이 보면 이 영화는 그저 주인공이 죽은 아내를 구해 가족이 다시 모여 산다는 아주 단순한 영화로 보일 수 있습니다.

이 영화에 대한 설명은 이것으로 끝내고 이제부터는 영계에서는 어떻게 해서 이런 일이 벌어질 수 있는지에 대해 알아보겠습니다. 이것은 영계에만 해당되는 독특한 원리가 있어 가능한 것인데 지금부터 그것을 보자는 것입니다.

영계에서 우리의 생각은 영적인 물질로 환경을 만들어낸다!

지금까지의 설명이면 여러분들은 영계가 어떻게 돌아가고 있는지에 대해 거의 다 알아차렸을 겁니다. 모든 것이 우리의 사념에 따라 나타난다는 것이 그것인데 이 점은 충분히 숙지되었을 겁니다. 그런데 여기서 우리는 이런 질문을 던질 수 있을 겁니다. 만일 영계에 아무것도 없다면 어떻게 영혼의 사념이 표현될 수 있느냐고 말입니다. 무엇이 보인다는 것은 어떤 형태로든 무엇인가 있어야 가능한 일입니다. 사념만 있어서는 아무것도 나타나지 않습니다. 사념이 투영될 수 있는 무엇인가가 있어야 합니다.

이 시점에서 우리는 신비가의 도움을 필요로 합니다. 이 문제에 대해 구체적인 답을 준 신비가는 앞에서 본 마르티누스입니다. 마르티누스는 국내에 전혀 알려져 있지 않은 성자인데 이 분의 생각이나 주장은 놀라운 데가 많습니다. 이 분의 사상이 궁금한 분들은 그의 추종자들이 만든 홈페이지(www.martinus.dk)에 들어가 보면 됩니다.

이 분에 따르면 영계에도 물질이 있는데 이것은 지상의 물질과 달리 에너지만으로 구성되어 있다고 합니다. 그래서 그는 그것을 영적인 물질이라고 부르고 있습니다. 따라서 이것을 지상에서 말하는 물질처럼 생각해서는 안 되겠습니다. 마르티누스는 이와 같은 영적인 에너지가 영계에 가득 차 있다고 주장합니다.

그래도 이해가 잘 안 되지요? 그래서 이것을 어찌 이해하면 좋을까 하다가 우주에 가득 차 있는 암흑 에너지와 암흑 물질을 생각해보았습니다. 이 두 요소는 각각 우주를 수축하고 팽창시키는 에너지입니다. 이것들은 오로지 중력으로만 그 존재를 알 수 있지 육안으로는 볼 수 없습니다. 그런데 온 우주는 이것들로 가득 차 있습니다. 우리가 육안으로 볼 수 있는 별들은 온 우주의 질량 중 4%밖에 안 되고 이 두 에너지의 질량이 차지하는 게 96%나 되니 말입니다. 그래서 영계에도 이처럼 보이지 않는 에너지가 가득하다고 보면 안 될까 하는 생각을 해보았습니다.

그런데 우리가 주목해야 하는 것은 바로 이 에너지의 성질입니다. 이 에너지는 아주 가볍다고 합니다. 이 가볍다는 것은 물질이 가볍다는 식의 그런 무게 개념이 아닙니다. 에너지 차원에서 가볍다는 것이니 이것을 물질처럼 생각해서는 안 되겠습니다. 그런데 이 에너지는 보통 때는 보이지 않다가 영혼이 어떤 생각에 집중하면 비로소 모습을 드러낸다고 합니다.

영혼의 생각이 이 에너지에 영향을 미쳐 이미지가 나타나는 겁니다. 이것이 가능한 이유는 이 에너지가 영혼의 아주 작은 생각에도 움직이기 때문이랍니다. 이 에너지는 워낙 가볍기 때문에 생각처럼 아주 약한 파동에도 움직이는 것입니다. 추측하건대 영혼이 강하게 집중하면 앞에 펼쳐지는 영상이 더 선명하게 나타나고 약하게 집중하면 덜 선명하게 나타날 겁니다. 그러다 영혼이 집중을 멈추면 이 영상은 바로 사라지게 됩니다.

영계의 감옥 역시 내가 만들어낸 것!

이런 까닭에 마르티누스는 영계란 영혼이 생전에 습관적으로 생각하던 것이 형상화 된 것이라고 주장합니다. 따라서 우리가 자신의 생각에 갇히면 그것이 곧 마음의 감옥(mental prison)이 되는 것입니다. 이 감옥은 지상의 감옥처럼 다른 사람이 만들어서 나를 집어넣는 것이 아니라 내가 만들어서 스스로 갇힌 그런 감옥을 말합니다.

따라서 어느 누구도 이 감옥에서 나를 끄집어낼 수 없습니다. 그 감옥은 만든 사람만이 그것을 만들거나 없앨 수 있기 때문입니다. 이 감옥에서 빠져 나오는 방법은 어찌 보면 아주 간단하고 쉬운 일이지만 어찌 보면 아주 어려운 일이기도 합니다. 이 일이 쉽다는 것은 본인이 생각만 바꾸면 바로 나올 수 있기 때문입니다. 생각만 바꾸면 그 감옥은 바로 사라집니다. 그러니 얼마나 쉬운 일이겠습니까?

그렇지만 같은 원리로 이 감옥에서 탈출하는 것은 아주 어려울 수 있습니다. 왜 어렵다는 것일까요? 본인이 생각 바꾸는 것을 끝까지 거부하면 어쩔 수 없기 때문입니다. 그런데 사람이 생각을 바꾸는 게 어디 쉽습니까? 생각을 바꿀 수 없으니 그 감옥에서 나오는 일이 어렵다는 것입니다.

예를 들어보지요. 가령 영혼 상태로 있을 때 남에게 복수하는 마음이 가득 차 있으면 그 마음은 자신을 괴롭히는 환경을 만들어냅니다. 예를 들어 분노의 마음이 불 같은 것을 만들어내서 스스로를 태울 수 있습니다. 그런가 하면 이 마음은 자신을 옥죄는 사슬 같은 것을 만들어낼 수도 있습니다. 그러면 우리는 그 사슬에 묶여 괴로워합니다. 물론 이 사슬은 자신이 만들어낸 것입니다.

그 사슬이나 활활 타오르는 불에서 벗어나는 방법은 복수하는 마음을 거두어들이는 것입니다. 그런데 그 복수와 증오의 마음을 접는 일이 결코 쉽지 않습니다. 이 일이 쉽지 않다는 것은 남을 미워하고 복수하려는 마음을 가져보았던 사람들은 잘 이해할 수 있을 겁니다.

이처럼 영계에서는 모든 것이 자기 책임 하에 돌아갑니다. 그래서 남을 탓하거나 책망해서는 안 됩니다. 남을 책망하려는 시도는 하나도 성공하지 못합니다. 자기 자신에게 고통만 줄 뿐입니다. 그런데 사실은 지상에서의 삶도 이와 같습니다. 이승에서 육신을 갖고 살 때에도 주변에서 부딪히는 현실은 자기가 만들어낸 것이기 때문입니다. 그 현실이 객관적인 것처럼 보이지만 결국은 모두 자신이 만들어낸 환경이라는 것입니다. 본인이 어떤 일을 겪던 그것은 그 이전에 그런 일을 겪을 만한 요인을 만들었기 때문에 그런 일이 일어나는 것입니다.

우리는 영계에서의 이런 경험을 통해 이승에서든 영계에서든 자신이 겪는 모든 환경은 자신이 만들어낸 것이라는 것을 배울 수 있을 것입니다. 다만 차이가 있다면, 영계에서는 자신이 생각하는 것이 즉각적으로 구현되지만 지상에서는 그 구현이 조금 늦다는 것뿐입니다. 지상에서는 자신이 생각했던 이미지들이 늦게 발현되니 주변의 환경이 흡사 객관적인 것으로 보여 자신이 만든 것 같지 않지만 사실 모든 것은 자신이 만들어낸 것입니다.

이런 사실을 확실하게 안다면 지금 여기에 사는 우리들은 한 번 더 사기 삶을 되돌아보게 되지 않을까 하는 생각을 해봅니다. 자신의 생각을 다시 여미고 다른 사람과의 관계도 다시 한 번 생각해서 조심스럽게 처신해야 하지 않겠냐는 것이지요. 자신이 행한 것은 어떤 식으로든 내게 되돌아온다는 것을 안다면 모든 행동에 조심하지 않을 수 없을 것입니다.

내가 죽었다는 것을 빨리 알아차릴 수 있는 방법은?

우리는 지금까지 이승에서의 삶을 마치고 영계에 들어왔을 때 주의해야 할 점에 대해 이야기했습니다. 그러는 과정에서 영계가 어떤 곳인지 알 수 있었습니다. 그리고 마르티누스 같은 신비가들의 가르침에 힘입어 영계가 돌아가는 원리에 대해서도 알 수 있었습니다. 우리는 이런 분들이 영계의 상황에 대해 꿰뚫고 있는 것이 신기하기만 합니다.

그런데 우리 역시 그곳에 있다가 이 지상에 내려왔기 때문에 그곳에 대해 모를 리가 없습니다. 그럼에도 불구하고 우리는 아무 기억이 안 납니다. 그러나 이런 신비가들의 증언을 들어보면 그곳에 있었던 생각이 어렴

풋하게나마 나는 듯합니다. 이런 분들의 가르침이 이해되는 것은 우리의 기억 속에 이 정보가 들어있기 때문일 것입니다. 그렇지 않고서는 이 분들이 가르침이 황당하게 보일 수 있습니다.

이제 마지막으로 당부하고 싶은 것이 있습니다. 앞에서 누누이 말한 대로 우리가 육신을 벗고 갓 영계에 들어갔을 때 어서 자신이 죽었다는 사실을 인정하라는 것인데 생각보다 이 일을 제대로 못하는 영혼이 많다고 했었죠? 스베덴보리 역시 같은 지적을 하고 있습니다. 그에 따르면 우리가 영계에 가서 적응하지 못하고 어리둥절해 하고 있으면 천사가 와서 '당신은 죽었다'고 말해준다고 합니다. 그가 이 사실을 콕 집어서 말한 것은 그 만큼 자신이 죽은 것을 모르는 영혼들이 많기 때문이 아닐까 하는 생각입니다.

그는 이런 사실을 18세기에 밝혀냈습니다. 그런데 우리는 어땠습니까? 우리가 이 사실을 알아채고 영화까지 만든 것은 20세기도 다 지나고 21세기에 들어와서야 가능한 일이었습니다. 그러나 그는 선지자답게 200~300년 전에 이런 사실을 알아내고 우리에게 알려주었습니다. 그래서 신기하다는 것인데 그는 앞에서 본 것처럼 우리가 죽었다는 사실을 천사가 와서 알려준다고 했습니다. 그러나 우리에게는 천사의 도움이 없이도 이 사실을 알 수 있는 방법이 있습니다.

어떤 방법이 있을까요? 눈치가 빠른 독자들은 금세 이 방법을 알아차렸을 겁니다. 영혼 상태에서 주위 환경이 지상에 있을 때와 똑같이 펼쳐져 내가 죽었는지 살았는지 잘 모르는 경우가 생기면 다음과 하면 됩니다. 방법은 아주 간단합니다. 자신의 생각으로 여러 이미지를 생각해보면 됩니다. 그래서 만일 내 생각에 따라 주위가 순식간에 바뀌면 '이것은 분명 내가 영계에 들어온 사인이구나' 하고 인정하면 됩니다.

그렇게 해도 잘 모르면 어떻게 하면 될까요? 더 간단한 법이 있습니다. 도와달라고 간절히 청하면 됩니다. 그러면 그렇게 청하는 순간 어떤 영이 나타나 친절하게 도와줄 겁니다. 이 영은 스베덴보리 식대로 천사라고 불러도 좋고 그냥 우리를 돕는 고급령이라고 해도 좋습니다. 그런 영들은 그쪽 세계에 많다고 했었죠? 그들은 언제나 우리를 도울 준비를 하고 있는데 문제는 우리가 그들을 찾지 않으면 그들 역시 우리를 도울 수 없다는 것입니다.

앞에서 그렇게 말했지요? 영계에서는 진동수가 맞는 영혼끼리만 소통이 가능하다고 말입니다. 우리가 그들을 찾지 않으면 진동수가 맞지 않아 그들이 아무리 가까운 데 있어도 우리를 도울 수 없답니다. 그러나 우리가 그들을 간구(干求)하는 순간 진동수가 통하게 되고 그들은 우리에게 직접적인 도움을 줄 수 있게 됩니다. 그때 그들의 안내를 따르기만 하면 손쉽게 그곳에 정착할 수 있습니다. 잊지 마시기 바랍니다. 도움의 손길은 어디에든 있습니다. 간절히 바라기만 하면 곧 도움을 받을 수 있습니다.

못 다한 이야기들

　　이제 이 정도면 영계에 대해 기본적인 정보와 지식은 다 훑은 셈입니다. 우리는 이곳에서 새로운 삶을 시작하게 되는데 이 뒤의 삶은 종교에 따라 조금 다르게 묘사된다고 했습니다. 기독교 같은 종교들은 우리가 이곳에서 영원히 산다고 주장합니다. 반면 불교 같은 인도 종교는 우리가 이곳에 충분히 있다가 때가 되면 다시 지상에 환생한다고 말합니다. 이에 대해서는 여러분들이 자신이 갖고 있는 종교적 신념에 따라 생각하면 됩니다. 그것은 어찌 되든 상관없습니다. 중요한 것은 지금 이 지상에서의 삶이기 때문입니다.

죽은 뒤 소멸된다는 공포에서 벗어나야

　　우리가 영혼이나 영계에 대해 공부하는 이유는 우선 이 세계에 대해 너무도 모르고 있어 그 무지를 타개하자는 것입니다. 그래서 자신의 죽음과 그 후의 세계에 대해 준비하자는 것입니다. 그러나 그와 더불어 이 공부를 통해 영계와 한 짝을 이루는 이승의 삶을 제대로 이해하자는 의도도 있었습니다. 만일 사후생이 존재하지 않는다면 이승의 삶은 혼란에 빠질 수 있습니다. 죽으면 아무것도 남지 않고 내가 그냥 사라진다면 이승의 삶에서 의미를 찾기가 힘들어지기 때문입니다.

사람들 가운데에는 간혹 '사후생은 필요 없다. 나는 여기에서 순간순간을 열심히 살면 된다. 사후생이란 사람들이 소망으로 만들어낸 허상에 불과하다'라고 주장하는 사람들이 있습니다. 그러나 이런 사람들도 진짜 죽음이 눈앞에 닥쳐오면 죽음의 공포 앞에서 어쩔 줄 몰라 하기가 일쑤입니다. 자신이 소멸할 것이라는 데에 엄청난 공포를 느끼는 것입니다. 만일 우리가 사후생에 대해 적절한 정보를 갖고 있다면 이런 공포는 느낄 이유가 없습니다.

이런 사람들이 처한 문제는 이것 말고 또 있습니다. 만일 사후생이 없다면 이 삶이 의미가 없어진다는 것입니다. 내가 죽게 되면 어차피 없어질 테인데 이 생을 살아서 무엇 하나 하는 생각을 지울 수가 없습니다. 문제는 거기서 끝나는 것이 아닙니다. 사후생에 대해 적절한 지식이 없으면 어떻게 살아야 하는가에 대한 질문에 답을 할 수 없습니다. 생각해보십시오. 만일 사후생이 없다면 우리의 이번 생은 아무 의미가 없다고 했습니다. 어차피 다 없어지는데 내가 지금 살아서 무엇 합니까? 따라서 어떻게 살던 문제가 안 됩니다. 윤리이고 도덕이고 체면이고 다 필요 없습니다. 마고자비로 말한다면 아프지만 않고 그냥 막 살다 고통 없이 아무렇게나 죽으면 됩니다.

아니 더 살 필요도 없습니다. 그렇지 않습니까? 이 고통스러운 세상을 더 살 이유가 없지 않겠습니까? 어차피 무로 돌아가는데 살면서 고통을 겪을 필요가 없습니다. 그냥 여기서 삶을 끝내는 게 좋지 않겠습니까? 사후생은 존재하지 않는다고 주장하는 사람들에게 이런 질문을 하면 그들은 대답을 하지 못합니다. 그저 지금 최선을 다해서 살면 된다고 되뇔 뿐입니다. 그러나 당장 지금이 괴롭고 이 생이 끝나면 아무것도 안 남는데 지금 최선을 다해 사는 게 무슨 의미가 있겠습니까?

그들이 만일 말기 암에 걸려 생명이 며칠밖에 안 남았다면 과연 그때에도 같은 태도를 보일까요? 그때에도 그렇게 초연한 듯한 태도를 보이겠느냐는 것입니다. 대부분의 사람들은 그렇지 않습니다. 이 삶에 대해 큰 미련을 갖게 되고 다가올 죽음에 대해 엄청난 공포를 느낍니다. 죽음이란 이런 것입니다. 멀리 있을 때는 남의 일 같지만 당장 내 앞에서 마주서게 되면 그 밀려오는 공포가 엄청납니다. 평소에 우리가 일상생활을 하면서 느꼈던 소소한 무서움과는 차원이 다릅니다. 죽음의 공포는 인간이 느끼는 공포 중에 가장 강력한 것입니다. 그래서 우리는 죽음 앞에 서면 어쩔 줄을 몰라 하는 것입니다.

제가 계속해서 사후생을 공부하고 죽음을 준비하자는 것은 이런 이유 때문입니다. 그래야 지금 삶이 반듯이 섭니다. 사후 세계에 대해 공부해야 지금 어떻게 살아야 하는지에 대한 답이 나옵니다. 또 사후 세계를 알아야 죽음에 대해 느끼는 쓸데없는 공포감에서 벗어날 수 있습니다. 그리고 지금 내 삶의 방향을 정할 수 있습니다. 이처럼 죽음에 대한 적절한 이해는 내 삶이 어디로 가야 하는지에 대한 정확한 방향성을 제공합니다.

이제 사후 세계 순례 여행을 마치려고 하는데 끝내기 전에 못 다한 말이 있어 그것을 보려고 합니다. 지옥과 천당에 관한 이야기인데 앞의 내용 중에 넣을 데가 마땅치 않아 따로 남게 되었습니다. 이 주제에 대한 것은 중요하다고 생각되어 마지막으로 설명을 해보려고 합니다. 그렇지 않습니까? 우리가 육신으로 죽고 사후 세계로 가면 지옥이나 천당 가운데 한 곳으로 간다고 하지 않습니까? 그러니 이 세계에 대해 정확하게 이해하는 것은 대단히 중요한 일이라 하겠습니다.

지옥과 천당에 대해서는 지금까지 많은 종교들이 이야기했는데 그 묘사에는 문제가 적지 않습니다. 조금 성급하지만 결론을 내려 본다면 지옥과 천국은 존재하지만 기성 종교들이 주장하는 대로 존재하는 것은 아니라는 것입니다. 사실 앞의 내용들을 충분히 이해했다면 지옥과 천당의 모습이 어떠하리라는 것은 어렵지 않게 추측할 수 있을 겁니다.

이른바 지옥이라는 곳의 모습은?

우리는 지상에서도 행복하고 의미 있게 살아야 하지만 영계에서도 같은 삶을 살아야 합니다. 영계에 있을 때에도 행복하고 고통이 적어야 한다는 것이지요. 여기서 문제가 되는 것은 고통을 피하는 것입니다. 지상에 살 때에도 우리는 고통을 피하기 위해 많은 일을 합니다. 마찬가지로 영계에서도 필요 없는 고통은 겪을 필요 없습니다. 우리가 영계가 돌아가는 원리를 정확히 알면 그런 고통을 겪지 않을 수 있습니다. 이 작업을 위해 앞에서 말한 것을 한 번 복기해 보지요.

앞에서 우리는 영계에서 본인이 고통 받는 정도는 정확히 각자의 마음 상태에 비례한다고 했습니다. 본인의 마음에 담겨 있는 것이 가감 없이 그대로 외계에 투영된다는 것입니다. 여기서는 외계가 바로 자신의 상태입니다. 이 점에 대해 스베덴보리는 놀랄만한 통찰력으로 귀중한 정보를 주고 있습니다. 특히 지옥에 대한 묘사는 섬뜩합니다.

그는 지옥에 대해 많은 설명을 남겼는데 그가 천사와 같이 가보았더니 그곳에는 불이나 연기, 안개, 그을음, 검은 구름 같은 것 등만 가득 차 있더랍니다. 한 마디로 음울하고 기분 나쁜 것들만 있는 것이지요. 이것은 말할 것도 없이 내 내면의 감정과 상응하는 것입니다. 어떻게 상응하는 것일까요?

영화 가운데에는 지옥을 다룬 영화도 있습니다. 그런 영화를 보면 지옥을 불이 활활 타오르는 곳으로 묘사하는 경우가 많습니다. 스베덴보리에 따르면 이것은 당사자의 마음이 미움이나 복수심, 혹은 성욕 등으로 가득 차 있을 경우에 나타나는 모습이라고 합니다. 우리 마음에 이런 것이 가득 차면 마음이 격정적으로 활활 타오르지 않습니까? 그런 마음의 상태가 그대로 표현된 것이지요.

또 연기나 안개 같은 것이 많아 앞이 잘 보이지 않는 경우는 당사자의 마음이 거짓과 위선으로 가득 차 있을 때 보이는 모습이라고 합니다. 자신이 자신을 잘 알지 못하고 제대로 이해하고 있지 못하니, 다시 말해 자신의 마음이 투명하지 않으니 연기나 안개 등으로 뿌연 외계가 만들어낸 것입니다.

이런 원리를 이해한다면 우리들도 얼마든지 지옥의 모습을 유추해볼 수 있습니다. 가령 생전에 다른 사람을 죽이거나 고문을 하는 등 타인을 많이 괴롭힌 사람들은 어떻게 될까요? 이런 사람들은 무의식 중에 엄청난 공포를 갖게 마련입니다. 다른 사람에게 공포를 주면 똑 같은 공포가 그 사람의 마음에 자리 잡게 되기 때문입니다. 그런가 하면 자기가 괴롭힌 사람들이 복수할 것이라는 생각에 대해서도 공포를 갖게 될 것입니다.

이런 사람들은 영계에서 어떤 주변 환경을 만들어낼까요? 여러 가지 경우의 수가 있겠지만 우선은 아마도 아주 어두운 세계를 만들어낼 것입니다. 그의 마음 상태가 암울할 터이니 그 상태가 그대로 외계에 투사되어 캄캄한 공간을 만들어낼 것이라고 추측해볼 수 있습니다. 이 캄캄한 공간은 그냥 어두운 것이 아니라 큰 공포를 자아내는 무시무시한 공간일 것입니다.

기기서 끝나면 좋으련만 이 사람을 위협하는 요소가 더 있습니다. 자신이 괴롭힌 사람들이 형상화 되어 자기 앞에 나타나 무서운 얼굴로 그를 위협하기 때문입니다. 내가 죽인 사람이니 그도 나를 죽이려고 할 터이고 상황이 그렇게 되면 그가 얼마나 무섭겠습니까? 그러다 그 이미지들과 싸움이 벌어지고 그 결과 피를 흘리기도 하는 등 그 현장은 그야말로 아수라장이 됩니다.

그런데 아무리 상대방을 물리치려 해도 그들은 사라지지 않습니다. 왜 그럴까요? 자신 앞에 나타난 영혼들은 실제의 인물이 아니라 자신의 마음이 만들어낸 것이기 때문입니다. 그러니까 그는 자신이 만들어낸 이미지와 싸우고 있는 것입니다. 본인이 본인과 싸우고 있는 것이지요. 그러면 이 이미지 형상들을 어떻게 없앨 수 있을까요? 이것들은 그 자신이 만들어냈으니 더 이상 복수나 증오의 마음을 가지지 않으면 사라질 겁니다. 그런데 우리는 이런 경우 공포나 증오에 집착하고 있기 때문에 그 마음을 거두는 일이 대단히 어렵습니다.

이 정도면 지옥에 대한 기초적인 이해가 되었겠지요? 우리가 얼마나 무서운 지옥에 가느냐 하는 것은 우리 자신이 얼마나 강한 이기심이나 증오심, 혹은 공포를 갖느냐에 따라 결정됩니다. 무지해서 이기심이나 증오심이 강하고 욕심으로 가득 차 있는 사람은 아주 견고한 감옥을 만들어낼 겁니다. 그래서 빠져나오기가 힘듭니다. 그런 사람들은 자신이 왜 이런 곳에 있는지 모른 채 스스로를 계속해서 괴롭힐 겁니다. 그리고 이 공포와 괴로움이 어디서 오는지 모르기 때문에 어떻게 하면 빠져 나올 수 있는지에 대해서도 전혀 모릅니다.

상황은 여기서 끝나는 게 아닙니다. 앞에서 영계는 유유상종의 법칙이 지배한다고 했지요? 비슷한 영혼들끼리 서로 모인다고 말입니다. 이 법칙을 따르면 증오와 복수심으로 가득한 영혼들의 주위에는 자신만큼이나 저급한 영혼들이 그득할 겁니다. 그런데 이 저급한 영혼들이 할 수 있는 일이 무엇이겠습니까? 지상에서 하던 대로 끊임없이 주위 사람을 괴롭히고 죽이려는 일 아니겠습니까?

그들은 거기에서도 서로를 괴롭히느라고 정신이 없을 겁니다. 그러면 그곳은 그야말로 아수라장이 될 겁니다. 이런 곳에 있는 영혼들은 이곳에서 빠져나올 방법을 모르기 때문에 기약 없이 한없는 고통 속에 머물게 됩니다. 그곳은 시간 개념이 없기 때문에 자신이 그 자리에 얼마나 머무는지 알지 못한 채로 그저 매 순간 고통 속에 있을 뿐입니다.

천당과 지옥의 실체는?
— 그리고 지옥에서 벗어날 수 있는 방법은?

이 정도면 지옥의 실체에 대해 이해가 됐을 것입니다. 모두 자신이 만들어낸 것이지요. 그러니 자신이 지옥에 '빠졌다'고 남을 탓할 수 없습니다. 이 점은 앞에서 누누이 강조했습니다.

똑같은 원리는 천당에도 해당되니 천당에 대해서는 굳이 설명을 첨가

할 필요 없습니다. 마음이 투명하고 선한 사람들은 그 마음이 그대로 외부에 투영되어 아주 밝은 곳에 거주하게 됩니다. 그 마음이 얼마나 맑고 밝으냐에 따라 외부 환경의 밝기가 결정됩니다. 영이 높은 영혼일수록 빛의 찬란함이 더해갑니다. 선한 마음이 있어 주변에 선한 기운이 그득합니다. 게다가 주위에는 그처럼 높은 영들만 있습니다. 이들이 같이 발하는 빛은 찬란하기 그지없습니다.

여기에 있는 영들은 서로를 위하느라 바쁩니다. 저 밑(?)에 있는 하계와 아주 다릅니다. 하계의 영혼들은 강한 이기심에 사로잡혀 서로를 해하려고 으르렁거릴 텐데 여기 있는 영혼들은 서로를 어떻게 위하면 좋은지에 대해 고심합니다. 또 이곳에서는 공부도 많이 한다고 합니다. 이곳에도 도서관이 있다고 하더군요. 물론 이것도 사념으로 만든 도서관이겠지요. 이곳은 아주 좋은 곳이라 탈출하려고 노력할 필요가 없습니다.

문제는 스스로 만든 지옥에서 탈출하는 것입니다. 고통스러우니 이곳에서 어떻게든 나와야 합니다. 그런데 간단한 방법이 있습니다. 그것은 다름 아닌 참회를 하는 것입니다. 자신이 왜 이런 고통을 받는지 잘 모르더라도 이것을 자신의 소행으로 인정하라는, 다시 말해 누가 나를 징벌하는 것이 아니라 나의 잘못으로 인해 발생했다는 것을 인정하라는 것이지요.

우리가 영적인 향상을 도모할 때 가장 먼저 해야 하는 것은 회개하는 것입니다. 겸허해지라는 것이지요. 그렇게 자신을 낮추고 비우려고 노력해야 좋은 기운이 다가올 수 있습니다. 만일 여러분들이 영계에 갔을 때 고통스러운 환경에 처하게 된다면 바로 참회하는 마음을 갖기 바랍니다. 그리고 그 현실을 타개하기 위해 도움을 요청하십시오. 그러면 곧 도움을 줄 수 있는 고급령이 나타나 그곳에서 어떻게 하면 벗어날 수 있을지 알려줄 겁니다.

이 점 역시 앞에서 많이 언급했습니다. 우리 주위에는 항상 도움의 손길이 있는데 우리가 청하지 않기 때문에 연결이 안 된다고 말입니다. 이 지상에서는 그런 염원이 잘 통하지 않을 수 있지만 영계에서는 바로 응답이 나타납니다. 누누이 말한 것처럼 영계란 사념으로 구성되어 있기 때문입니다. 생각하는 순간 그 생각은 파동이 맞는 다른 영혼에게 전달되어 바로 응답이 옵니다.

이보다 더 좋은 방법이 있습니다. 지상에서 살 때 미리 준비하는 겁니다. 우리가 지상에서 살 때 많은 선행과 수양을 쌓아서 영을 맑게 만든다면 사후 세계에 대해 전혀 걱정할 일이 없습니다. 영혼의 수준만 고양시킨다면 좋지 않은 곳으로 떨어질까 걱정할 일도 없고 자신이 만든 고통스러운 세계에 갇힐 일도 없습니다. 또 그곳에서 나가게 해달라고 누구에게 기도할 일도 없습니다. 지금 여기서 잘 하면 됩니다. 이렇게 되니 우리의 관심사는 다시 지상으로 돌아오게 됩니다. 중요한 것은 '지금 여기'이지 '나중 저기(영계)'가 아닙니다.

이 지상은 수양하기가 좋은 곳이라고 합니다. 물질로만 되어 있어 많은 노력을 하지 않으면 진보가 잘 이루어지지 않습니다. 그래서 어떤 이는 지상을 '빡센 훈련장'이라고 표현하기도 했습니다. 그만큼 고통이 많기 때문입니다. 그러나 고통이 많을수록 영혼이 고양되는 속도가 빠릅니다. 물론 즐겁게 살아야 하겠지만 그러면서 부단히 자신을 닦아야 합니다. 그런 의미에서 지상에 있는 시간은 매우 소중하다고 하겠습니다.

나가면서

　이제 우리의 사후생 탐사는 끝이 났습니다. 마지막으로 꼭 하고 싶은 말은 이 책에 나온 이야기들은 어떤 식으로든 강제나 구속성이 없다는 것입니다. 영적인 가르침을 나눌 때에는 어떠한 구속도 있어서는 안 됩니다. 자기 종교를 믿지 않으면 지옥으로 간다느니 내 종교만이 진리를 갖고 있다느니 하는 태도는 결코 용납되지 않습니다.

　이런 태도는 제도권에 속한 종교에서 많이 발견됩니다. 그러나 진정한 마음으로 영성을 탐구할 때에는 이런 억지가 있을 수 없습니다. 모든 것을 받아들이는 사람의 자유의지에 맡깁니다. 물론 정보는 충분하게 제공합니다. 정보를 감추거나 거짓으로 말하는 경우는 결단코 없습니다. 그렇지만 그것을 받아들이고 말고는 본인에게 달려 있습니다. 이것이 상대방을 온전하게 공경하는 것입니다. 하나의 인격체로 온당하게 대우하는 것입니다. 나이가 아무리 어려도 그의 개별성을 침범하는 일은 하지 않습니다.

지금까지 우리가 보아온 사후생에 관한 이야기들도 마찬가지입니다. 이 이야기들은 진리이니 반드시 받아들여야 한다는 그런 강제는 있을 수 없습니다. 제가 할 수 있는 일은 보다 더 정확한 정보를 많이 제공하는 일입니다. 그러면 그것을 접한 사람들은 자신이 충분히 검토해 보고 받아들일 수 있는 것은 수용하고 아닌 것은 버리면 됩니다. '나는 이런 이야기는 하나도 받아들일 수 없다'고 해도 상관없습니다. 때가 되면 이해할 수 있을 터이고 그런 때가 오지 않아도 아무 문제없습니다.

우리가 영적인 성장을 위해 노력하는 과정에서 사후생(영계) 탐구는 굉장히 초보적인 단계에 속합니다. 우리가 영적인 세계에 대한 탐구를 시작할 때 사후생이나 영혼에 대해 공부하는 것은 그 긴 여정을 시작하는 단계라는 것입니다. 우리가 지상계에 살 때에는 이 세상에 존재하는 것이 물질이나 육체만이라고 생각하기 쉽습니다. 그러다 영혼과 사후 세계에 대해 공부하면 비로소 영혼이 존재한다는 것을 알게 되고 그 영들이 사는 영계에 대해 이해하게 됩니다. 그래서 사후 세계 공부는 영적 탐사의 시작이라는 것입니다.

이것은 시작에 불과합니다. 이 이후로 말로 다 할 수 없이 깊은 영적인 세계가 펼쳐집니다. 신묘한 세계가 있다는 것입니다. 영성이 높아지면서 펼쳐지는 세상은 이 지상계에 익숙한 사람은 알 수 없는 세계입니다. 그 세계는 지극히 높은 영혼들만이 아는 세계이기 때문입니다. 그들은 우리에게 항상 그리로 오라고 권합니다. 왜냐하면 그 절정(絶頂)의 세계에 도달해야만 인간의 고통이 끝나기 때문입니다.

이 세계는 우리 같은 보통 사람에게는 너무도 요원한 세계입니다. 그러나 인간은 모두 그 세계로 가야 합니다. 우리의 삶의 목표가 바로 거기에 있습니다. 모든 것이 수렴되는 오메가 포인트 같은 것이지요. 우리 인간은 바로 그곳에 가기 위해 이 생을 살고 있다고 말할 수 있습니다. 그곳으로 가는 삶이 아니라면 우리 삶은 의미가 없습니다. 가는 길은 물론 말할 수 없이 험난하고 그곳에 도착하는 일이 얼마나 오래 걸릴지 아무도 모릅니다. 이것은 사람마다 다르기 때문에 일률적으로 말할 수 없습니다.

그러나 인간이면 그 궁극적인 목표를 향해 무조건 가야 합니다. 사실 사람들은 자기도 모르는 사이에 이 길을 가고 있습니다. 문제는 너무 더디게 간다는 것입니다. 이 길을 조금이나마 빨리 갈 수 있는 방법이 있습니다. 바로 인간의 죽음과 사후 세계에 대해 공부하는 것입니다. 지상의 세계와는 완전히 다른 영적인 세상에 대해 공부하면서 우리가 알고 있고 보고 있는 세상이 전부가 아니라는 생각을 처음으로 갖게 됩니다. 이런 경험을 함으로써 세상에 대한 나의 이해의 폭이 훨씬 넓어지고 그 깊이가 더해갑니다.

이 주제에 대해 공부하면 세상의 허망함과 귀중함을 동시에 깨달을 수 있습니다. 이 세상이라는 것이 별 것 아니라는 깨달음을 가지면서 우리는 물질에 대한 욕심이나 집착에서 자유로울 수 있습니다. 그러나 동시에 이 세상에서 여러 주제에 대해 배우고 다른 사람을 사랑하는 법을 배우면서 이 세상의 소중함도 알게 됩니다. 이런 것들을 가능하게 하는 것이 바로 사후 세계 공부입니다. 부디 이런 시도가 성공하기를 바라면서 대 단원의 막을 내립니다.

책속의 책

한국
사자(死者)의 서

Korean Book of the Dead

한국인을 위한 영계 가이드북

서문

　이번 장의 제목을 본 사람들은 금세 연상되는 문구가 있을 것이다. 그렇다. "티베트 사자의 서(Tibetan Book of the Dead)"나 "이집트 사자의 서(Egyptian Book of the Dead)"가 그것이다. 이 두 책은 인간이 몸을 벗은 뒤, 즉 죽은 뒤에 사후 세계에서 영혼이 겪는 일에 대해 적고 있다. 이들은 당연히 관점이 다르다. 각각이 믿는 종교나 이념이 다르기 때문이다. 내가 모델로 삼은 것은 티베트 책이다. 이집트 것은 이집트 사람들의 생각에 치우쳐 보편성이 떨어진다. 이들은 사람이 죽으면 그의 심장을 신의 깃털과 같이 저울에서 무게를 잰다고 믿었다. 만일 그 사람의 심장이 신의 깃털보다 무거우면 이것은 그의 죄가 중하다는 것을 뜻한다. 이렇게 판명되면 괴물이 그 사람의 심장을 먹어치워 그는 부활할 기회를 잃어버린다. 이런 신앙은 아직 인류가 고등종교를 발전시키기 전에 갖고 있었던 민속적인 믿음에 불과해 보편성이 많이 떨어진다.

　그에 비해 티베트 것은 불교의 내세관에 입각해서 서술했기 때문에 보

한국 사자(死者)의 서　　**145**

편적인 면이 많이 보인다. 이 책이 처음 알려진 20세기 초에는 이 책 역시 티베트의 민속적인 신앙에 불과하다는 평을 받았다. 그러나 20세기 중반 이후에 근사체험이 본격적으로 연구되면서 보는 눈이 달라지기 시작했다. 근사체험자들의 증언과 이 책에 나오는 내용이 일치하는 점이 있었기 때문이다. 그 대표적인 것은 우리가 몸을 벗은 직후에 아주 환한 빛을 목격하는 것이다. 이 일은 근사체험자들이 흔하게 겪는 것인데 이에 대한 묘사가 티베트 사자의 서에 자세하게 설명되어 있다. 그 이후로 이 책은 인간이 죽은 뒤에 가는 세계를 올바르게 설명한 책으로 받아들여지기 시작했다.

그런데 문제는 이 책을 이해하는 일이 쉽지 않다는 것이다. 이 책은 전공자들에게도 어려우니 일반인들에게는 더더욱 난해한 책이 아닐 수 없다. 일반인들이 이 책을 이해하는 데에는 두 가지 장애가 있을 것이다. 일단 불교적인 세계관을 알지 못하면 이 책은 이해하기 힘들다. 죽은 직후에 당사자가 빛과 함께 아주 높은 지혜를 잠정적으로 경험한다는 것이나 몇 단계를 거쳐 다시 환생한다는 것은 불교적인 세계관에 익숙하지 않으면 이해하기 힘든 사안들이다. 그 다음 장애는 티베트적인 요소들이다. 한국의 불교도들에게 너무나도 생소한 다양한 붓다와 보살, 그리고 여러 신들이 현란한 상징을 가지고 대거 출동해 불교 신자들도 그 생경함에 어리둥절할 수 있다.

그러나 이 책에서 이러한 티베트 불교적인 요소들을 걷어내면 경청할 만한 내용이 많이 있다. 나는 특히 티베트인들이 이 책을 어떻게 활용했는가에 대해 주목한다. 그들은 임종이 가까운 사람 옆에서 이 책을 읽어주었을 뿐만 아니라 그가 임종한 뒤에도 계속해서 읽어주었다고 한다. 그럼으로써 당사자가 영계(일반적인 불교 용어로는 중음계, 그들의 말로는 '바르도')에서 헤매는 것을 방지하고 좋은 길로 들어설 수 있게 가이드라인을 제시했다. 이 책에 의하면 망자에게는 3번 정도의 갈림길이 있는데 그때 당사자가 이 책의 지침을 따르기만 하면 최고의 대박인 해탈까지 얻을 수 있다고 한다. 나는 이 이야기 가운데 당사자가 해탈을 얻을 수 있다는 주장은 동의하지 않는다. 해탈은 그렇게 쉽게 접근할 수 있는 것이 아니기 때문이다. 그러나 사람이 죽은 뒤에 이처럼 계속해서 사후 세계에 대해 좋은 정보를 주는 것은 바람직한 일이다. 참고로 말하면, 우리 인간은 영혼의 상태가 되어도 육신을 가진 사람들의 목소리를 들을 수 있으니 이렇게 읽어주는 것은 당사자에게 큰 도움이 될 것이다.

이런 상황들을 검토한 끝에 나는 한국인들에게 적합한 '사자(死者)의 서', 다시 말해 한국인들을 위한 '영계 가이드북'을 만들어야겠다는 생각을 하게 되었다. 이를 테면 가이드라인 같은 것이다. 그 의도는 아주 간단하다. 한국인들이 임종에 임박했을 때 이번 생을 잘 정리하고 곧 맞게 될 새로운 영적인 세계의 성공적인 진입을 위해 지침이 필요하겠다는 생각이 든 것이다. 기존에 티베트 사자의 서 같은 것이 있기는 하지만 앞에서 설명한 대로 한국인들이 그런 책을 활용하는 것은 쉽지 않다. 그 때문에 한국인들을 위한 영계 입문서가 있으면 좋겠다고 생각한 것이다.

이 책의 본문에서 종종 말했지만 사람이 죽는다는 것은 사후 세계라는 '새로운 오래된' 세계로 여행을 떠나는 것이니 우리는 그에 대해 준비해야 한다. 모르는 곳으로 여행을 가려면 '가이드북'이 필요하다. 내 바람으로는 망자를 보내는 가족들이 임종 침상에서 계속해서 이 책을 읽어주고 그뿐 아니라 3일 동안 장례를 치르는 과정에서도 간간히 이 책을 읽어주면 좋겠다. 이 책의 내용이 고인이 사후 세계를 헤쳐 나가는 데에 도움이 될 수 있다고 생각하기 때문이다.

내가 이 책의 집필을 생각하게 된 데에는 작은 동기가 있었다. 벗이자 한국미술학계의 권위였던 고 오주석 선생이 혈액암으로 고생할 때였다. 당시 그는 병세가 비가역적이라 임종이 언제 닥칠지 모르는 상황이었다. 그 소식을 듣고 나는 모험을 무릅 쓰고 내가 번역한 퀴블러 로스 박사의 『사후생』을 부인에게 가져다주었다. 환자의 가족에게 이런 책을 가져다주는 것은 오해를 불러일으킬 수 있어 조심해야 한다. 자칫하면 환자의 배우자가 '아니, 내 남편 보고 죽으라고 하는 것이냐'는 생각을 갖게 할 수도 있기 때문이다. 다행히 그런 일은 없었다. 오 선생은 그 뒤 한 달 만에 타계했는데 나는 그의 장례식장에서 부인을 다시 만날 수 있었다. 그때 부인은 자신이 내 번역 책을 남편 침상에서 꾸준하게 읽어주었고 그로 인해 자신이나 남편이 마음이 많이 편해졌다는 말을 전했다. 나는 그 말을 듣고 이 퀴블러 로스의 책은 그런 용도로 만들어진 책이 아닌데도 효험이 있었다고 하니 아예 처음부터 그런 용도로 책을 만들면 좋겠다는 생각을 해보았다.

그래서 그 작업에 착수했고 그 첫 번째 결과물을 2011년에 출간한 『죽음의 미래』에 부록으로 실었다. 그런데 이 책이 학술서에 가까운 책이라 그랬는지 판매 실적이 저조했다. 책이 안 팔렸으니 사람들도 이 책에 실린 '영계 가이드북'을 접할 기회가 적을 수밖에 없었다. 그래도 많은 생각 끝에 어렵게 만든 '가이드북'인데 이렇게 묻혀버리는 것은 저자 입장에서 아깝다는 마음을 지울 길이 없었다. 그래서 이 가이드북만을 따로 출간할까도 생각해보았는데 그러기에는 양이 너무 적었다.

이 책이 이렇게 국내에서 외면을 당해 내 딴에는 한 번 미국서 팔아보면 어떨까 하는 생각에 이것을 영어로 번역했다. 마침 미국서 한국어 교육을 하고 있는 제자가 번역해보겠다고 해서 번역이 이루어졌다. 그렇게

한국 사자(死者)의 서(書)

만들어진 것을 가지고 전자책(제목은 "Spirit World")으로 만들어 2014년에 아마존에도 올려 보았다.

　나는 그동안 사후 세계에 대해 알리려는 나의 시도가 그다지 효과가 없었던 이유를 생각해보았다. 여러 이유가 있겠지만 아마도 너무 학술적으로 접근한 때문이 아닌가 하는 생각을 지울 길이 없었다. 그런 생각 끝에 이번에는 사후 세계에 대해 아주 쉽게, 더 이상 쉽게 풀어쓸 수 없는 책을 썼다. 이것이 바로 이 책의 본론을 이룬다. 그 다음에 여기에 이 가이드북을 부록처럼 포함시킨다면 금상첨화라는 느낌이 들었다. 이 두 책이 서로 보완하는 역할을 할 수 있다고 생각했기 때문이다. 이번 책에 실리는 가이드북은 이전 책에 있던 것과 큰 틀은 같지만 필요 없다고 생각되는 것이나 전문적인 것은 모두 빼버렸다. 일반 독자들이 편안하게 접할 수 있도록 더 쉽게 고친 것이다.

　이 가이드북과 앞에 나오는 본론의 차이점을 이야기해본다면, 본론은 서술형의 글이라 임종을 앞두고 있는 이에게 읽어주는 것은 적합하지 않다. 그보다는 평소에 사후 세계에 관심 있는 사람이 자신의 지식을 확장하고자 할 때 이 글이 도움이 될 것이다. 반면에 이 가이드북은 앞에서 말한 것처럼 평소에도 읽을 수 있지만 임종 침상에서 가족들이 임종 당사자를 위해 읽어줄 수 있게 만든 것이다. 이 글을 통해 당사자는 사후 세계의 존재에 대해 확신을 가질 수 있을 뿐만 아니라 제공되는 적절한 정보를 가지고 임종 전후로 일어나는 현상에 대해 이해를 도모할 수 있을 것이다. 이 가이드북에는 앞의 본문과 비슷한 내용도 있지만 거기에 들어 있지 않은 새로운 정보도 많다. 따라서 앞의 본문과는 다른 글로 보아도 무방하겠다.

한국인들은 아직도 임종을 앞둔 사람들을 제대로 돌보지 못하고 있다. 끝까지 치료약을 쓰고 무리한 검사를 하면서 무의미하게 수명을 연장시키는 경우가 많다. 그래서 마지막 시점이 되면 당사자는 오랜 치료와 검사 때문에 기진맥진해져 의식불명 상태가 되는 경우가 태반이다. 그런 상태로 있다가 어느 순간이 오면 아무 준비도 하지 않은 채 갑자기 몸을 떠나버린다. 이것은 내가 양친을 보낼 때 겪은 일이기도 하다. 임종도 제대로 준비하지 못하지만 몸을 벗었을 때 어떻게 해야 하는지에 대해서도 아무런 정보 없이 그냥 속절없이 떠나버리고 만다. 그런데 지금은 상황이 다르다. 인간의 죽음과 사후 세계에 대해 엄청난 정보가 있기 때문이다. 이런 정보를 외면하고 그저 수명을 며칠 연장하는 것은 매우 어리석은 일이다.

바라건대 임종을 맞는 사람들은 센 약의 처방이나 쓸데없는 검사들을 멀리 하고 가능한 한 명료한 의식 상태에서 가족들과 같이 자신의 생을 정리하면 좋겠다. 의식을 잃기 전에 임종자는 가족들과 많은 대화를 하는 것이 좋다. 그동안 마음에 담아두었던 이야기나 좋은 추억을 되살리면서 정감 어린 대화를 하는 것은 자신의 인생을 마감하는 데에 큰 도움이 된다. 그리고 이 책을 바탕으로 사후 세계에 대해서도 같이 논의하면 좋겠다. 그러다 당사자가 임종이 임박하면 이 가이드북을 읽어주면 된다. 당사자가 의식을 잃어버려도 괜찮다. 앞에서 누누이 이야기한 대로 인간의 청각은 끝까지 살아 있고 영체가 되었을 때에도 들을 수 있으니 계속해서 이 가이드북을 읽어주면 좋겠다. 그러면 고인이 훨씬 더 안정된 상태에서 편안한 임종을 맞이하고 영혼 상태가 되었을 때도 헤매지 않을 것이다. 부디 이 책이 그런 현장에 작게나마 도움이 됐으면 하는 작은 바람을 갖고 이 서문을 마치자.

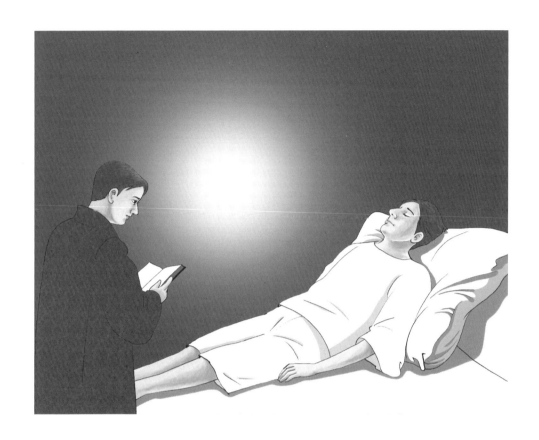

제발 국을 떠서 입에 가져가도 국 맛을 모르는
숟가락처럼 어리석게 살지 마시길.

부디 삶과 죽음이 돌아가는 이치를 알아
그물에 걸리지 않는 바람처럼 자유롭게 사시길.

1. 몸을 벗기 직전에

당신은 이번 생의 마지막에 서 있습니다.

당신은 이제 너무 낡아서 더 이상 당신의 영혼을 담아둘 수 없는 육신을 벗어나려 하고 있습니다.

얼마 안 있으면 당신은 파란만장했던 이번 생을 접고 지상을 떠납니다.

마지막이라는 것은 또 다른 시작을 의미합니다.

그래서 당신은 새로운 여행을 준비하고 있습니다.

사람들은 이 육신밖에 없는 줄 알고 있지만 육신 너머에는 영혼이라 불리는 몸이 있습니다.

육신을 벗으면 당신은 곧 새로운 몸을 받게 됩니다.

당신은 이 새로운 몸을 가지고 육신을 갖고 있을 때와 똑같이 생각하고 느낄 수 있습니다.

이 몸은 육신과는 비교도 안 되게 자유롭고 예민한 지각과 감각을 갖고 있습니다.

새로운 몸을 받기 전에 당신의 육신에 대해 생각을 정리하는 것이 좋겠습니다.

육신에 대하여

당신의 육신은 이번 생 동안 훌륭한 일을 했습니다.

당신이 이번 생애에 훌륭하게 살 수 있었던 것은 전적으로 이 육신의 덕입니다.

육신이 아니었다면 당신은 이 험난한 세상을 살기 힘들었을 겁니다.

특히 이 육신이 있었기에 당신은 이번 생에 많은 공부를 할 수 있었습니다.

이번 생에 힘은 들었지만 공부를 통해 진보할 수 있었던 것은 이 육신이 있었기 때문에 가능했습니다.

우리는 이 육신과 평생을 같이 했기 때문에 육신이 '나'라는 착각에 빠지기 쉽습니다.

그것은 당연한 일입니다.

매일 접하고 볼 수 있던 것은 육신뿐이라 이 육신만이 존재한다고 생각하는 것은 전혀 이상한 일이 아닙니다.

게다가 육신과는 정이 많이 들어 헤어지기가 섭섭합니다.

내가 사라지는 것 같아 말할 수 없이 고통스럽습니다.

그러나 아무 걱정 마시기 바랍니다.

어릴 때를 기억해보십시오.

여러분들은 헤져 빠져 더 이상 신을 수 없는 신발을 기억할 수 있을 겁니다.

헤진 신발은 보기에도 좋지 않아 마음이 가지 않습니다.

그런데 그 옆에 아주 깨끗하고 예쁜 새 신발이 있습니다.

이제 당신은 헌 신발을 버리고 새 신발을 신습니다.

그 새 신발을 신을 때 당신은 헌 신발에 대해 어떤 생각이 듭니까?

헌 신발을 버릴 수밖에 없다는 데에 아쉬움을 느끼나요?

그보다는 새 신발을 신는 즐거움이 훨씬 크지 않나요?

그래서 헌 신발을 끝까지 보관하고 싶은 생각은 들지 않을 겁니다.

그 신발은 아무 미련 없이 고이 버리면 됩니다.

우리가 헌 몸을 버릴 때에도 같습니다.

당신의 헌 몸은 너무 낡아 그다지 집착이 가지 않습니다.

그 몸을 가지고는 더 이상 갈 수 없습니다.

그런데 그것과는 비교도 안 되게 훌륭한 새 몸이 있습니다.

우리는 그것을 영혼 혹은 영체라 부릅니다.

이름을 무엇이라 하든 상관없습니다.

이제 우리는 육신을 떠나 새로운 몸인 영체가 되어 영계로 가서 살게 됩니다.

멋있는 여행을 떠나니 우리는 그에 맞는 준비를 해야 합니다.

육신을 떠나기 직전에

이제 당신은 얼마 안 있어 육신을 떠나게 됩니다.

떠날 시간이 임박하면 보통 때에는 보이지 않던 현상들이 나타날 수 있습니다.

예를 들어 당신보다 먼저 몸을 벗고 영의 세계로 간 친지들의 모습이 보일 수 있습니다.

그것은 그 분들이 영의 형태로 나타나 당신을 기다리고 있는 것입니다.

그들은 당신이 곧 그들의 세계로 온다는 것을 알고 마중 나온 것입니다.

그들과 대화도 할 수 있습니다.

물론 마음과 마음으로 하는 대화입니다.

당신은 이제 이 물질계보다 저 영계에 가까이 간 것이기 때문에 그 영혼들을 볼 수 있고 대화도 할 수 있는 것입니다.

그러나 당신만이 그들을 볼 수 있기 때문에 다른 가족들에게는 그 영혼들을 보았다고 주장할 필요가 없습니다.

물질계에 속해 있는 다른 가족들의 눈에는 저 분들의 모습이 보이지 않습니다.

그런 그들에게 당신이 먼저 간 친지들의 영혼을 보았다고 하면 오해를 받을 수도 있습니다.

이때 목격할 수 있는 것은 영혼뿐만이 아닙니다.

마차나 자동차 같은 탈 것이 보일 수도 있습니다.

이것은 탈 것을 타고 먼 길을 떠난다는 의미를 갖습니다.

그런 소망이 외부로 투사되어 탈 것으로 나타난 것입니다.

그런가 하면 당신을 영계로 안내해 줄 영혼들을 보는 경우도 있습니다.

이른바 안내령입니다.

이들은 당신이 몸을 벗을 시간만 기다리고 있답니다.

이들은 저승사자처럼 당신을 잡으러 온 것이 아니라 당신이 영계에서 헤매지 않도록 도와주러 온 것입니다.

이런 영들이 있으니 영계로 들어가는 일이 전혀 두렵지 않겠지요?

그런가 하면 말할 수 없이 환한 빛이 공중에서 목격될 수도 있습니다.

전등 빛 같기도 하지만 전등과는 비교도 안 되게 밝습니다.

이 빛은 몸을 벗고 영계로 들어오는 당신을 기다리고 있습니다.

그때 당신은 이 빛이 인도하는 대로 따라가기만 하면 됩니다.

어떤 상황에 처하든 이런 일들이 생기면 당신은 이제 지상보다 영계의 질서에 가까이 갔다는 것을 의미합니다.

그래서 보통 때는 보이지 않던 영계의 모습이 보이는 겁니다.

따라서 곧 떠날 차비를 해야 합니다.

이때 당신은 사랑하는 가족들을 떠난다고 슬퍼할 필요 없습니다.

당신은 오히려 슬퍼하는 가족들을 달래야할지 모릅니다.

이제 당신은 본향으로 떠나고 가족들은 고통이 가득 찬 지상에 남기 때문입니다.

그리고 가족들과 떨어져 있는 기간도 얼마 되지 않습니다.

그들도 머지 않아 본향으로 올 것이기 때문입니다.

이것은 우리가 명절 때 먼저 고향에 내려가 있으면서 다음에 오는 가족들을 기다리는 것과 같습니다.

헤어져 있는 기간은 무궁한 시간에 비하면 아무 것도 아니니 그리 슬퍼할 필요 없습니다.

이 점은 영계에 가서 보면 더 확실하게 알 수 있습니다.

마지막 순간에 해야 할 일에 대해

이제 당신은 바로 몸을 떠날 것입니다.

임종의 순간이 임박한 것입니다.

이때를 위해 다음과 같은 준비를 해주시기 바랍니다.

지금부터 당신은 오로지 한 생각으로 선한 생각만 합니다.

항상 의식을 집중하는 것을 잊지 마십시오.

의식을 집중해야 잡생각이 나지 않습니다.

더 이상 세속의 일에 '고달려서는' 안 됩니다.

모든 세속의 일을 잊고 정신을 모아야 합니다.

(다음 부분은 당사자의 종교에 맞게 선택해서 읽어주면 된다)

불교도의 경우 :

정신을 모으기 위해서는 여러 가지 일을 할 수 있습니다.

만일 여러분들이 종교를 갖고 있다면 일심을 다해 그 종교를 세운 분을 생각하십시오.

불교도라면 자비로운 부처님을 일념으로 생각하며 그 분의 이름을 되뇝니다.

그렇게 하면 마음속으로부터 환하고 기쁜 마음이 솟구치는 걸 느낄 수 있습니다.

부처님 대신 당신이 평생 이름을 부르고 지냈던 관음보살 같은 보살을 생각해도 좋습니다.

이때 중요한 것은 이 분들을 생각할 때 정말로 마음이 선해지고 따뜻해져야 한다는 것입니다.

당신이 일생동안 신앙생활을 신실하게 했다면 이것은 어려운 일이 아닐 겁니다.

이보다 더 쉬운 방법이 있는데 그것은 주문을 외우는 것입니다.

이때의 주문은 간단한 것이 좋습니다.

건강할 때 외던 주문이면 더욱더 좋습니다.

아니 평소에 즐겨 외우던 주문이어야 자연스럽게 다시 욀 수 있을 겁니다.

주문은 길지 않고 '옴마니반메훔' 혹은 '나무관세음보살'처럼 짧아야 합니다.

이런 주문을 쉴 틈 없이 외우면서 정신을 집중합니다.

굳이 입으로 소리 내어 외우지 않아도 됩니다.

마음으로 생각하면서 집중만 하면 됩니다.

혹시 당신이 선 수행을 했다면 다른 조언이 필요 없겠습니다.

자신이 평생 참구했던 화두를 의념하면서 정신을 집중하면 되기 때문입니다.

그러나 임종이 가까워 올 때에는 정신이 혼미해져 화두를 참구하는 일이 쉽지 않습니다.

이런 방법들은 모두 생전에 오래 동안 갈고 닦은 사람들에게나 가능한 일입니다.

따라서 훌륭한 임종을 맞고 싶은 분은 지상에 있을 때 수행을 열심히 하는 게 좋습니다.

기독교도의 경우 :

당신이 만일 기독교인이라면 예수님을 생각합니다.

오로지 그 분만 생각합니다.

그 분이 지상에 오신 것이 얼마나 큰 은혜였는지 생각해봅니다.

예수님은 탐욕과 어리석음에 빠진 우리를 도우려고 말할 수 없이 높은 하늘에서 오셨습니다.

여러분들은 예수님이 이 지상에 오시려고 얼마나 힘든 결정을 하신지 모를 수 있습니다.

그러나 당신이 영계에 가서 보면 예수님이 이 땅에 내려오셨다는 것이 얼마나 어려운 일이었는지 알 수 있을 겁니다.

그래서 그 큰 은혜를 생각하라고 하는 겁니다.

예수님만 올곧게 생각하는 일이 쉽지 않으면 기도문을 외는 것도 좋습니다.

기독교에는 훌륭한 기도문이 있습니다.

"주기도문"이나 "사도신경"같은 것이 그것입니다.

특히 주기도문은 간결하고 많이 외웠을 터라 외우기 좋은 기도문일 겁니다.

온 마음을 다하여 주기도문을 외웁니다.

만일 이런 것들이 좀 길어 외우기 힘들다면 평소에 좋아했던 "성경" 구절을 반복해서 읽는 것도 좋은 방법입니다.

기도문은 간단할수록 효과가 좋습니다.

집중하는 데에 좋기 때문입니다.

기도문을 집중해서 외우면서 예수님만 생각합니다.

그 분의 거룩한 모습을 떠올리고 우리를 구원하러 오신 그 큰 마음에 감사하는 마음을 가지십시오.

좀 여유가 있으면 예수님의 일생을 연속해서 생각하는 것도 좋겠습니다.

무엇을 생각하던 정신을 집중하고 선한 것만 생각하면 됩니다.

종교가 없는 사람들의 경우 :

종교가 없는 사람들은 어찌 하면 좋을까요?

여러 방법이 있겠습니다마는 당신보다 먼저 몸을 벗은 분 가운데 가장 사랑했던 분을 생각해 보십시오.

그게 누가 되어도 괜찮지만 아마 부모님이 가장 먼저 떠오르지 않을까요?

그럼 그분들을 간절히 생각하면서 다시 만날 기쁨에 젖으십시오.

그리고 모든 사람이 잘 되기를 바라면서 선한 생각만 하십시오.

이런 생각을 기도로 승화시켜 정신을 집중합니다.

집중할 때에 그저 '어머니' 혹은 '아버지'라고 계속해서 되뇌면 됩니다.

물론 마음으로는 그분들을 간절하게 생각해야 합니다.

(다시 본문으로 돌아옴)

이런 생각과 함께 곧 가게 될 영계를 생각하는 것도 괜찮습니다.

그곳에서 큰 해방감을 맛볼 것을 생각하며 몸 벗을 준비를 합니다.

이렇게 임종을 준비하고 있으면 세상이 말할 수 없이 아름답게 보입니다.

세상의 모든 사물이 생생하게 보이고 빛이 나는 것처럼 보입니다.

그리고 주위에 있는 모든 사람들이 사랑스럽게 보입니다.

내가 살고 있는 이곳이 말할 수 없이 아름답고 사는 매 순간이 지극히 귀중하다는 생각이 듭니다.

이것은 일종의 종교 체험과 같은 것으로 매우 값진 체험입니다.

이 정도면 이제 몸을 벗을 준비는 다 된 것입니다.

이 같은 상황 속에서 임종을 맞는다면 가장 이상적인 웰엔딩이라고 할 수 있습니다.

마지막 순간에 좋은 생각 갖기

이때 가장 중요한 것은 몸을 떠나는 마지막 순간에 좋은 생각을 할 수 있게 온 힘을 다하는 것입니다.

마지막 순간에 갖는 생각은 다음 생이 전개될 때 중요한 역할을 합니다.

이 마지막 생각은 당신이 영체로 다시 태어날 때 갖는 첫 번째 생각이기 때문입니다.

이 마지막 생각을 잘 가져야 영계에서의 출발이 좋습니다.

그래서 마지막까지 좋은 생각과 선한 마음을 가져야 합니다.

이때 누구를 증오하거나 염오하는 것은 좋지 않습니다.

영계 생활이 증오나 원망으로 시작되니 그렇다는 것입니다.

시작이 그렇다면 그 다음도 계속해서 그런 방향으로 진행될 수 있으니 이것이 얼마나 좋지 않은 것인지 알 수 있을 겁니다.

다시 부탁이지만 이 마지막 순간에 삶에 대해서 어떤 미련도 갖지 마시기 바랍니다.

'죽기 싫다'는 생각이나 '자식(혹은 남편이나 아내)을 떠나기 싫다'는 식의 지상 세계에 대한 미련은 몸을 벗을 때 좋지 않습니다.

뒤에 남는 가족들에 대해서도 관심과 배려는 필요하지만 결코 걱정은 하지 마십시오.

이때 가장 중요한 일은 당신이 평화롭게 몸을 벗고 영계에 안착하는 일입니다.

당신이 자식들을 아무리 걱정한다 해도 영혼 상태가 되면 지상에 있는 자식들을 위해 일을 하는 것이 쉽지 않습니다.

당신이 영계로 가면 당신과 자식들은 영계와 지상이라는 다른 질서에 속하게 되기 때문에 서로 영향을 주고 받기가 어렵습니다.

이것은 불가능한 일은 아니지만 아주 어려운 일입니다.

그러니 자신이 속한 질서에 충실히 적응하는 것이 최선의 길임을 알아야 합니다.

노파심으로 다시 말하지만 이때 당신이 지상에서 쌓아왔던 어떤 것에도 집착하지 마십시오.

당신이 지상에서 부를 얼마나 많이 갖고 있었든, 혹은 얼마나 높은 자리에 있었든 그런 것에 연연하지 마십시오.

그런 것은 영의 밝음에 비하면 대낮에 반딧불이 같은 것입니다.

주위의 모든 사람과 모든 것이 잘 되기를 기원하며 정신을 한 군데로 집중합니다.

이제 드디어 영혼이 육신을 떠납니다.

그러나 그다지 걱정할 것 없습니다.

당신 위에서 찬란하게 빛나는 빛에 당신을 맡기면 되기 때문입니다.

그 빛을 주시하면 당신은 그 빛을 향해 아주 빠른 속도로 갈 것입니다.

2. 첫 번째 도착한 곳에서

자유롭고 아름다운 곳에서

이제 당신은 자유로운 에너지체가 됐습니다.

그래서 일찍이 지상에서는 맛보지 못한 엄청난 자유와 희열감을 느낍니다.

마음이 말할 수 없이 편안합니다.

이것은 마치 육중한 잠수복을 입고 물속에 들어갔다가 육지로 나와 잠수복을 벗었을 때 느끼는 그런 홀가분합입니다.

물속에 있을 때에는 움직이는 것 자체가 쉽지 않습니다.

그러다 지상으로 나오면 움직이는 것이 말할 수 없이 자유로워집니다.

거추장스러운 잠수복이 없으니 얼마나 상쾌하겠습니까?

그리고 주위를 돌아보십시오.

아니 돌아볼 것도 없이 그곳에 있으면 금세 그곳이 얼마나 아름다운 곳인지 알 수 있습니다.

그곳의 아름다움은 지상의 언어로는 표현되지 않습니다.

그 이유는 간단합니다.

지상이 색의 세계라면 영계는 빛의 세계이기 때문입니다.

영계에서는 색깔의 둔탁한 질량이 느껴지지 않습니다.

대신 강렬한 빛의 진동만이 있습니다.

영혼은 에너지체이기 때문에 빛의 진동을 그대로 느낍니다.

그래서 그 아름다움이나 강렬함을 지상의 언어로 표현하기 힘들다고 한 것입니다.

이것은 선한 영의 경우이고 이기심에 가득 차 있거나 타인 해치는 것을 능사로 했던 영혼에게는 해당되지 않습니다.

그들에게는 그들의 어두운 마음이 투영되어 주위에 암울한 세계가 펼쳐집니다.

그리고 누가 가해하지 않았지만 극심한 고통에 빠질 수도 있습니다.

사람들은 이런 환경을 지옥이라 부르기도 합니다마는 여기서 중요한 것은 어느 누구도 당신을 이런 극악한 곳으로 이끈 것이 아니라는 것입니다.

그저 당신 자신이 끌리는 대로 온 것뿐입니다.

다시 한 번 부언하지만 이곳에서는 외계라는 것이 의미가 없습니다.

당신 마음의 상태가 그대로 투영되는 것이 외계이기 때문입니다.

이 점을 항상 염두에 두시기 바랍니다.

이곳에서 당신은 자신의 모습도 만들어냅니다.

그래서 당신이 자신을 보면 여전히 육신을 갖고 있는 것처럼 보입니다.

지상에 있을 때의 모습이 그대로 나타나기 때문입니다.

그러나 이것은 더 이상 당신의 육체가 아닙니다.

그것은 당신의 사념이 만들어낸 영체일 뿐입니다.

당신은 아직 전생의 인격에서 완전히 벗어나지 못했기 때문에 그때의 육체를 생각하게 됩니다.

그러면 당신의 영체는 당신이 생각하는 대로 형태를 갖추게 됩니다.

영계에서는 에너지들이 우리의 사념에 따라 모이고 흩어지기 때문에 이런 일이 가능한 것입니다.

따라서 당신이 생각을 접으면 이러한 당신의 모습은 곧 사라집니다.

영계에서는 더 이상 지상의 공간 개념이나 시간 개념이 통하지 않습니다.

영혼 상태가 되면 우리들은 어디든 마음대로 갈 수 있습니다(그러나 이것은 당신이 속한 등급의 차원에서만 가능한 것이고 그보다 높은 차원으로 갈 수 있는 것은 아닙니다).

어떤 장소를 생각하면 그 순간 그곳에 와 있게 됩니다.

사람도 마찬가지라 그 사람을 생각하면 즉시 그의 앞에 가게 됩니다(아니면 그가 당신 앞에 나타날 수도 있습니다).

그러나 그 사람이 당신과 진동수가 맞지 않으면 그 사람은 당신을 몰라볼 수 있습니다.

만일 당신이 생각한 사람이 지상의 사람이 아니고 영혼이라면 서로의 진동수가 같아져야 서로를 알아 볼 수 있습니다.

그래서 영혼들이 만날 때에는 아무리 가까운 거리에 있어도 같은 진동을 갖고 있지 않다면 알아차릴 수 없습니다.

물론 영계에서는 공간적으로 가깝고 멀다는 개념은 별 의미가 없습니다.

영계에서는 당신이 어떤 영혼을 생각하면 그 생각이 그에게 전달되고 그 역시 당신을 보겠다는 생각을 하면 서로 만날 수 있게 됩니다.

이 상태에서 우리는 자신의 장례식에 가보는 경우도 있습니다.

굳이 갈 필요는 없지만 호기심에 가볼 수 있습니다.

가서 보면 육신을 가진 사람들이 당신을 보지 못한다는 사실을 알 수 있을 겁니다.

반면 당신은 사람들의 모습을 보는 것은 말할 것도 없고 그들의 생각까지 읽을 수 있습니다.

지상에서 당신을 잃어 매우 슬퍼하는 가족들에게 당신은 자신이 다른 세계에서 건재하고 있으니 걱정하지 말라는 소식을 전하고 싶을 겁니다.

그럴 때 당신은 여러 방법으로 당신의 뜻을 전할 수 있습니다.

예를 들어 그들 앞에 영의 형태로 나타나던지 향기나 소리를 보낼 수 있습니다.

그러나 그들이 그것을 알아차린다는 보장은 없습니다.

이런 영적인 메시지를 자유롭게 읽어내는 것은 쉬운 일이 아닙니다.

이런 교류 방법 가운데 가장 일반적이고 확실한 것은 꿈입니다.

당신은 사랑하는 가족들의 꿈에 들어가 당신이 전하고 싶은 소식을 전할 수 있습니다.

당신이 오랫동안 지상에 가까이 있는 것은 바람직한 일이 아닙니다.

영의 상태가 되어 지상에 가까이, 그리고 오랫동안 있는 것은 우주의 법칙을 어기는 일입니다.

영은 영의 세계로 가야합니다.

영의 세계로 가야한다는 것은 실제로 어디를 향한다는 것이 아닙니다.

지상으로부터 관심을 돌려 진동수를 올리면 자연히 영의 세계로 진입하게 됩니다(사실은 이미 영계에 있는 것이지만 이렇게 지상에 가까이 있으면 본격적으로 영계에 들어간 것은 아닙니다).

진입한다는 말도 어폐가 있습니다.

단지 당신의 생각에 따라 환경이 그에 맞게 펼쳐질 뿐입니다.

이때 안내령이 도와줄 수도 있습니다.

그러나 만일 안내령을 발견할 수 없다면 빛이 있는 곳으로 자연스럽게 이끌려 가면 됩니다.

이렇게 해서 도착한 영계에서 당신은 당신이 지상에서 알고 있었던 영계의 모습을 목격할 수도 있습니다.

예를 들어 당신이 불교도이어서 자신이 몸을 벗으면 극락에 가고 아미타불이 당신을 영접할 것이라고 믿었다면 실제로 그런 장엄한 광경이 펼쳐질 수 있습니다.

당신은 그 화려한 모습에 놀랄지도 모릅니다.

마찬가지로 당신이 기독교도라 천국에는 흰 옷을 입은 아기 천사들이 나팔을 불며 팡파르를 울리고 있을 것이라고 믿었다면 놀랍게도 그런 광경이 보일 수 있습니다.

그러나 이런 것들이 나타나면 그저 보기만 하고 거기에 끌려가지 마십시오.

이것은 모두 당신의 생각이 만들어낸 것이기 때문입니다.

따라서 당신의 관심이 시들해지거나 그 이미지를 유지할 만한 힘이 부족해지면 그것들은 곧 사라져버립니다.

이 이미지들은 이곳의 원래 모습이 아닙니다(원래의 모습은 아무 것도 없는 텅 빈 공간이라고나 할까요?).

그래서 그런 것에 연연해 하지 말라는 것입니다.

이런 이미지에 끌리는 것은 마치 자기가 미인을 그려 놓고 그 미인에 빠지는 것과 같습니다.

주의해야 할 사항에 대해

여기서 가장 주의해야 할 것은, 이곳에서는 자신이 만들어낸 것에 갇혀 빠져나오지 못할 수도 있다는 것입니다.

앞에서 말한 것처럼 이 상태에서는 자기가 생각하는 것이 그대로 자신의 앞에 이미지화 된다고 했습니다.

그런데 당신은 당신의 의식과 무의식 안에 무엇이 있는지 잘 모릅니다.

특히 무의식은 광대무변해서 어떤 생각이 있는지 어느 누구도 알 수 없습니다.

그래서 이 가운데 어떤 생각이 튀어나와 자신 앞에 펼쳐질지 알 수 없습니다.

만일 자신이 감당할 수 없는 것들이 튀어나와 이미지화 된다면 제어하기 쉽지 않습니다.

이곳에서는 생각이 그대로 이미지화 될 뿐만 아니라 그 강도가 육신을 갖고 있을 때와는 비교도 안 되게 강렬합니다.

그것은 이곳이 물질이 아닌 에너지의 파동으로 이루어져 있기 때문입니다. 물질은 둔탁해서 그것의 상태가 바로 옆의 물질로 전달되지 않습니다.

그러나 모든 것이 파동으로 이루어져 있는 이곳에서는 생각이 만들어내는 파동은 그 순간 같은 파동을 가진 다른 영체에 전달됩니다.

게다가 물질이라는 매개체가 없기 때문에 그 진동은 아주 강하게 전달됩니다.

이곳에서 만일 사랑의 파동이 전달된다면 지상과는 비교도 안 되게 부드러운 힘으로 무아경에 가까운 환희심을 불러일으킬 것입니다.

마찬가지로 만일 자신 속에 숨어 있던 증오나 파괴의 마음이 폭발한다면 어떻게 되겠는지 상상해보십시오.

그것을 가장 강하게 느끼는 것은 바로 자신입니다.

지상에서 육신을 갖고 살 때에는 뇌라는 물질이 완충 작용을 하기 때문에 그 악한 감정을 약하게 느낍니다.

비록 이 감정이 약하다고 했지만 한 사람이 갖는 증오감이나 원한 감정은 그 부정적인 영향이 엄청납니다.

그 사람을 정신적으로 파괴할 수도 있기 때문입니다.

그러나 영혼의 상태에서 같은 감정을 느끼면 그 감정은 이와는 비교도 되지 않게 강렬합니다.

파괴력이나 고통이 상상을 초월하기 때문입니다.

이것은 완충물 없이 충격을 바로 받는 것이니 얼마나 강하겠습니까?

영혼의 세계는 진동하는 에너지로만 이루어져 있다고 했습니다.

그래서 각 영혼들에게는 그만의 고유한 진동이 있습니다.

영계에서는 진동이 아주 비슷하거나 같은 영혼끼리만 만날 수 있습니다.

지상에서 아무리 가까웠어도 진동이 다르면 영계에서는 그 영혼을 만날 수 없습니다.

물론 진동을 맞추면 잠깐 동안은 만날 수 있습니다.

그러니 그 상태가 오래 갈 수 없습니다.

그에 비해 진동이 같은 영혼들은 지리적으로 아무리 멀리 있어도 순식간에 만날 수 있습니다.

따라서 만일 당신이 증오와 원망의 감정을 품는다면 그와 비슷한 진동을 가진 영혼들이 당신 주위에 모이게 될 것입니다.

그러면 어떤 일이 벌어지겠습니까?

서로를 증오의 대상으로 생각하고 그 감정을 마구 상대방에게 쏟아내겠지요?

서로 죽일 듯이 나쁜 기운을 있는 힘껏 내뿜습니다.

그렇게 되면 그곳은 아수라장이 되어 모든 영혼이 큰 상처를 입고 엄청난 고통에 휩싸이게 됩니다.

그런데 이곳에서는 앞에서 말한 것처럼 감각이나 지각 능력이 지상에서보다 몇 배나 강해진다고 했습니다.

따라서 이 영혼들이 느끼는 고통은 상상을 초월할 것입니다.

이런 것이 바로 지옥입니다.

어떤 지상의 종교는 자기 종교를 믿지 않았거나 죄를 많이 저지르면 심판을 받고 지옥에 간다고 가르칩니다.

신이나 염라대왕 같은 신적 존재가 개개 영혼들을 심판해 지옥에 보낸다고 가르칩니다.

그러나 그런 지옥은 없습니다.

지옥은 다른 존재가 벌을 주는 곳이 아니라 자기 스스로 만들어내는 것입니다.

영계에서는 다른 어떤 영혼도 당신을 지옥 같은 곳에 넣을 수 없습니다.

지옥은 당신 스스로 만들어 들어갔기 때문에 당신 자신이 나와야 합니다.

그런데 문제는 그런 환경을 자신이 만들었다는 것을 깨닫지 못하는 데에 있습니다.

스스로 갇혀 있기 때문에 나오는 방법을 모릅니다.

그러나 나오는 방법은 아주 간단합니다.

부단히 움직이는 자신의 마음을 쉬기만 하면 됩니다(물론 그렇게 하는 것이 쉬운 것은 아닙니다).

이것이 힘들면 온 마음을 다하여 기도하십시오.

그러면 늘 옆에 있던 높은 영혼들이 곧 도움에 나설 겁니다.

그러나 어떤 영혼이 도와주던 이 감옥은 다른 영혼이 없애주는 게 아니라 스스로 탈출해야 한다는 것을 잊지 않아야겠습니다.

그래서 이 작업은 어렵지만 동시에 쉽기도 합니다.

이 감옥에서 아주 쉽게 빠져나올 수 있지만 반면 어렵기로 하면 그보다 더 어려운 일이 없기 때문입니다.

왜 그럴까요?

만일 자신이 처한 어려운 상황이 다른 사람이 만들어준 것이라면 그냥 자기 노력으로 그것에서 빠져 나오면 됩니다.

그러나 영계의 환경은 자신이 만든 것이라 자신의 주관이 섞여 있습니다.
그래서 어디서부터 어떻게 손을 대야 할지 막막합니다.
자칫하면 감옥을 없애려고 하는 시도가 그 가상의 감옥을 더 튼튼하게 만들 수 있습니다.
이것은 흡사 우리가 늪에 빠졌을 때 그곳에서 빠져나오려고 허우적대다가 더 빠지는 것과 비슷하다고 할 수 있습니다.
그럴 때는 아무 것도 하지 않고 마음을 쉬거나 기도하면서 도움을 간절하게 바라는 것이 좋습니다.

물론 지금까지 본 것과 반대되는 상황도 가능합니다.
진실로 사랑하는 마음을 품고 다른 영혼이 잘 되는 것만을 생각한다면 주위에 좋은 기운이 만들어집니다.
그리고 그런 상태로 있으면 그 기운에 맞는 영혼들을 만나게 됩니다.
그럴 때 과연 그곳은 어떻게 될까요?
그곳에는 서로를 생각하고 배려하는 상서롭고 따뜻한 기운이 만들어질 것입니다.
그 전체 기운이 합쳐지면서 엄청나게 강한 기운이 만들어질 겁니다.
이 기운을 느끼는 영혼들은 지상에서는 결코 느낄 수 없는 환희 속으로 들어갑니다.

천국이란 바로 이런 곳을 말합니다.

이때 느끼는 기쁨의 강도와 순도에 따라 수많은 등급의 천국이 존재할 수 있습니다.

또 그 기쁨이나 행복이 지속되는 기간에도 많은 차이가 있습니다.

등급이나 종류가 얼마나 많든 이 수많은 천국들 역시 자신이 만들어낸 것이라는 것을 잊어서는 안 됩니다.

영계에서 좋은 생각만 하라고 하는 것은 바로 이 때문입니다.

좋은 생각을 하면 우리는 그 좋은 감정을 지상과는 비교도 안 되게 강하게 느끼게 됩니다.

그러니 그 즐거움은 말로 표현할 수 없겠죠.

게다가 그런 영혼들이 같이 모이면 그 좋은 기운들이 그저 더해지는 것이 아니라 배가(倍加)된답니다.

다시 말해 단순하게 합해지는 게 아니라 곱해지기 때문에 그 힘이 엄청나게 됩니다.

자신의 생각이 외계를 만들어낸다
― 진짜 주의할 것들에 대해

이런 영계에서 당신이 외부 세계를 만들어 낼 때 가장 많이 투영하는 것은 전생에 당신이 가장 많이 생각했던 것입니다.

당신이 전생에서 어떤 일에 몰두했다면 당신은 영계에서도 그 일을 생각하게 됩니다.

그러면 그 일은 바로 당신 앞에 펼쳐지게 됩니다.

지상에서와 똑같은 주변 광경이 만들어집니다.

그런데 이 광경이 지상과는 비교도 안 되게 생생해서 당신은 그곳이 영계라는 사실을 잊게 됩니다.

이때 모든 일이 당신의 마음대로 펼쳐지니 신이 나서 그 일에 더 빠져들 수 있습니다.

예를 들어 지상에서 돈버는 일에만 신경을 썼던 사람은 영계에서도 같은 환경을 만들어놓고 그 일에 빠져듭니다.

그런데 이곳에서는 자신이 원하는 대로 돈이 벌리기 때문에 당사자는 더욱더 이 놀이에 빠져 들게 됩니다.

이것은 자신에게 바람직하지 않은 일입니다.

영계에 가면 우리는 그곳의 법칙에 순응해야 합니다.

우리는 그곳을 떠나 다음 단계로 가야 합니다.

그곳에 가서 해야 할 일을 찾아야 합니다.

그렇지 않고 이곳에서 자신이 만든 세계에 갇혀 있는 것은 자신에게 큰 손실이 됩니다.

우리들 중에 많은 사람들이 이렇게 영계에서 별 생각 없이 있다가 다시 태어나고 또 죽는 일을 반복하고 있습니다.

우리는 여기에서 가능한 한 빨리 자신이 육신을 벗은 것을 알고 자신의 진화를 위해 노력해야 합니다.

이곳에서 그림자에 불과한 자신만의 왕국을 만들지 말아야 합니다.

우리는 이곳이 물질세계가 아니라는 것을 어떻게 알 수 있을까요?

다시 말해 자신이 더 이상 육신을 갖고 있지 않다는 사실을 어떻게 알 수 있을까요?

이것은 결코 어려운 일이 아닙니다마는 자신이 만들어낸 세계에 합몰되면 이 일이 어려워질 수도 있습니다.

만일 당신 앞에 다음과 같은 상황이 벌어지면 자신이 처한 곳이 물질계가 아니라는 것을 알 수 있을 것입니다.

앞에서 말한 대로 이곳에서는 자신이 생각한 이미지가 그대로 자기 앞에 펼쳐집니다.

만일 강을 생각하면 신기하게도 그 강이 순식간에 내 앞에 만들어집니다.

또 그 강물의 수위나 온도도 내 생각으로 얼마든지 조정할 수 있습니다.

무엇이든 내 생각대로 되기 때문입니다.

그래서 만일 자신이 어떤 것을 생각하자마자 그것이 곧 시각화 되면 이곳이 물질계가 아닐 거라는 의심을 가져보아야 합니다.

그리고 생각을 집중해서 이미지를 만들어보기도 하고 생각을 끊어서 그 이미지를 없애보는 작은 실험을 해봅니다.

이것이 뜻대로 되면 이곳은 백퍼센트 영계입니다.

문제가 되는 것은 당신이 부정적인 환경에 놓이게 되는 경우입니다.

이곳에서는 자신의 생각이 시각화 되다 보니 자신의 내면 깊숙이 있던 부정적인 생각들이 이미지화 해 바로 앞에 펼쳐질 수 있습니다.

이럴 때 이 생각들은 당신을 괴롭히게 됩니다.

예를 들어 평생 누구를 미워하면서 지낸 사람은 그 미워한 사람을 자신이 이미지로 만들어내어 갈등을 겪을 수 있습니다.

당신이 그 이미지 사람에게 해를 가하면 그 사람은 또 당신에게 해를 가합니다.

쌍방 간의 미움 때문에 당신은 큰 고통을 겪습니다.

그런데 이것은 자신이 만들어낸 환경이지 실제로 그 사람의 영혼이 당신에게 직접 와서 싸우는 것이 아닙니다.

이 고통에서 벗어나려고 몸부림치면 그러는 중에 생기는 공포가 다시 나쁜 기운을 불러옵니다.

이렇게 되다 보면 점입가경이 되어 더 더욱이 그 고통에서 빠져 나올 수 없습니다.

사태가 이 정도 되면 당신은 이제 당신이 영혼이 되었다는 것을 인정해야 합니다.

그래야 정상입니다.

그러면 이 고통에서 어떻게 빠져나올 수 있을까요?

해결책은 아주 간단합니다.

주변 상황이 당신이 통제할 수 없는 상태가 되어 당신과 관계없이 돌아간다면 우선 생각하는 것을 멈추도록 노력하십시오.

이런 일이 쉽지 않을 수 있습니다.

왜냐하면 생각이 자꾸 꼬리를 물고 일어나기 때문입니다.

이럴 때는 무조건 도와달라고 간청하십시오.

그저 순수한 마음을 가지고 자신이 만들어 놓은 이미지들에게서 벗어날 수 있게끔 대상이 누가 되든 그에게 도움을 청하십시오.

그러면 어떤 존재가 곧 나타날 것입니다.
이때 당신이 할 일은 이 영혼과 진동을 맞추는 것입니다.
아니, 그 존재가 이미 진동을 맞춘 다음에 나타난 것이니 당신이 다시 맞출 필요 없습니다.
이때 당신은 그저 그 영혼이 하는 대로 따르기만 하면 됩니다.
이런 때에 나타난 영은 수준이 높은 영입니다.
이런 수준 높은 영이 돕는다 해도 어떤 상황이든 마지막에 결정을 내리는 것은 당신입니다.
고급령들은 다른 영혼들의 자주권을 해치는 일을 하지 않습니다.

지금까지 본 것처럼 이곳에서 가장 주의해야 할 일은 자신이 만든 세계에 갇혀 시간을 허비하는 일입니다.
이것은 고통스러울 뿐만 아니라 자신에게 크게 마이너스가 되는 일입니다.
가능한 한 이런 일을 피하고 다음 단계의 일을 했으면 하는 바람입니다.

직전 전생의 리뷰

이 영역에서 하는 일 가운데 가장 중요한 일이 있다면 그것은 바로 직전 전생을 리뷰, 즉 복습하는 일입니다.

지상에서 공부할 때에도 복습을 제대로 하지 않으면 그 내용을 내 것으로 만드는 일이 어렵습니다.

그와 마찬가지로 방금 전에 마친 생에 대해 복습하는 일은 대단히 중요한 일입니다.

이 일을 해야 하는 이유는 우리가 지난 생에 해야 할 일을 제대로 했는지를 확인해야 하기 때문입니다.

우리 인간은 어느 누구 할 것 없이 모두 이 생에 나름대로의 목적을 가지고 태어납니다.

완수해야 할 일이 있는 것이지요.

이 일은 사람마다 달라서 일률적으로 말할 수 없지만 우리는 반드시 그 일을 해야 합니다.

전생 리뷰는 바로 우리가 이 일을 제대로 했는지를 알아보는 것입니다.

만일 우리가 지상에 있을 때 그 일을 완수하지 않았다면 밀린 숙제처럼 나중에 언젠가는 다시 해야 합니다.

이것을 보통 카르마, 즉 업보라고 부릅니다.

우리는 누구나 자기만의 카르마(업보)를 갖고 태어납니다.

우리는 이처럼 자기만의 업보를 해결하면서 궁극의 지점으로 향하고 있습니다.

이 궁극의 지점은 우리의 근원이라 할 수 있는 우주의식과 하나가 되는 지점을 말합니다.

이 우주의식은 신(하느님)이라 불러도 좋고 한 마음[일심, 一心]이라고 불러도 좋습니다.

우리 개인은 이 근원에서 나왔기 때문에 종국에는 이 근원으로 돌아가야 합니다.

물론 이것은 엄청나게 요원한 일입니다.

그러나 이 일이 아무리 멀고 어렵더라도 우리 인간은 이 일을 이루어야 합니다.

전생 리뷰는 바로 이 목적을 위해서 하는 것입니다.

이 전생 리뷰에서 우리는 우리의 삶에서 가장 중요한 것이 배움과 사랑이라는 사실을 깨달아야 합니다.

배움과 사랑에 비교해 볼 때 인생의 다른 것, 즉 돈이라든가 권력, 명예 등은 아무것도 아니라는 것을 확실하게 알아야 합니다.

이때야말로 이 사실을 깨달을 수 있는 극히 좋은 기회입니다.

이 일을 위해서 직전 전생에서 겪었던 중요한 장면들이 당신 앞에 펼쳐집니다.

이 영상은 매우 생생해서 마치 자신이 그 안에 있는 것 같은 느낌이 듭니다. 영상이 눈앞에 펼쳐지지만 지상에서 보는 영화처럼 당신은 관객으로만 있지 않습니다.

여기서 당신은 자신이 그 영상에 직접 참여할 수도 있고 본인의 의도에 따라 장면을 바꿀 수도 있습니다.

이 영상을 볼 때 가장 놀라운 일은 여러분들이 지난 생을 살면서 겪었던 모든 일들의 의미를 알게 된다는 것입니다.

우리는 한 생애를 살면서 많은 일을 겪습니다.

이런 일 가운데 그 발생 이유를 아는 것은 그리 많지 않습니다.

가장 비근한 예를 들어볼까요?

우리 대부분은 왜 이번 생에 이런 부모 밑에 태어났는가에 대해서 거의 알지 못합니다.

부모는 한 사람의 일생에서 가장 중요한 역할을 하는 사람이라고 할 수 있습니다.

따라서 어떤 부모 밑에 태어나는가는 한 사람에게 있어 가장 중요한 사건입니다.

어떤 사람과 이번 생에 부모 자식 간의 인연이 되는 게 단순한 우연일까요?

이 문제는 대단히 중요한 것임에도 불구하고 대부분의 사람들은 그다지 관심이 없습니다.

아니 알려고 해도 현재의 능력으로는 알 수 없기 때문에 알려고 하지 않을지도 모르겠습니다.

그리고 종종 자신들은 부모를 선택해서 나온 것이 아니라고 주장하면서 부모를 잘못 만난 것에 대해 불평을 하는 경우가 있습니다.

그러나 카르마의 세계에 우연이란 있을 수 없습니다.

내가 어떤 부모 밑에 태어나고 어떤 형제자매와 같이 살게 되었고 어떤 배우자를 만나 어떤 자식들을 갖게 되느냐는 것은 모두 정교한 카르마의 법칙에 따라 발생한 것이라는 것을 잊어서는 안 됩니다.

지상에 있을 때는 이 카르마의 법칙에 대해 알기 힘듭니다.

그러나 여기에서는 전생 리뷰를 통해 지난 생에 왜 그런 사람들과 가족이 되어 같이 살았는지에 대해 한 순간에 알게 됩니다.

이런 지혜는 지상에 있을 때처럼 논리로 따지고 시간을 들여 아는 것이 아닙니다.

여기서 갖게 되는 앎은 직관적인 앎입니다.

순간적으로, 그리고 전체적으로 다 알게 됩니다.

이때 알게 되는 것은 이것뿐이 아닙니다.

전생 리뷰에는 그 생에서 중요한 사건들이 차례로 나옵니다.

이 사건들은 사진처럼 정지된 영상으로 나올 수도 있고 영화처럼 동영상으로 나올 수도 있습니다.

이 영상에서도 당신은 놀랄만한 일을 겪게 됩니다.

이 리뷰를 하면서 당신은 당신이 겪었던 일 가운데 그 발생 원인을 알 수 없었던 것들을 이해할 수 있게 됩니다.

예를 들어 내가 어렸을 때 왜 뜻하지 않은 사고로 장애인이 되었는지, 또 내 동생은 왜 나보다 먼저 죽었는지, 왜 평생 동안 내 남편은 술고래가 되어 나를 괴롭혔는지, 어떤 자식은 나를 기쁘게 했지만 어떤 자식은 왜 나를 그리도 괴롭혔는지, 왜 그때 나는 친구에게 배신당해야 했는지 등등 당시로서는 그 발생 이유에 대해 전혀 알 수 없었던 사건들이 이때 확실하게 이해됩니다.

이런 사건들은 육신을 갖고 살 때에는 그 정확한 발생 이유를 알지 못합니다.

그래서 우리는 '왜 이렇게 괴로운 일이 나에게 생겼는가' 하면서 억울해 하고 괴로워합니다.

기독교 같은 유신론 종교를 믿는 사람들은 신을 원망하기도 합니다.

이 영상을 보면서 당신은 그런 원망이 더 이상 타당하지 않다는 것을 알게 됩니다.

대신 언제인지 모르지만 어느 과거 생에 자신이 행했던 행동이 이런 사건을 만들어냈다는 것을 알게 됩니다.

여기서 당신은 자기 주변에 일어난 모든 일들이 자신이 만들어낸 것이라는 사실을 확실하게 깨닫게 됩니다.

이때가 이런 지혜를 알 수 있는 대단히 좋은 기회이니 부디 놓치지 말기 바랍니다.

그런데 실제로는 이런 기회를 살리지 못하는 영혼들이 많아 안타깝기 짝이 없습니다.

그래서 이렇게 사전에 알려주는 것입니다.

이 리뷰에서 우리가 배울 수 있는 것은 더 있습니다.

우리가 지상에서 겪었던 사건 중에 본인은 별 것 아니라고 생각했거나 본인이 전혀 의식하지 못하고 그냥 지나간 사건들이 꽤 있습니다.

그런데 그 가운데에는 중요한 사건이 있을 수 있습니다.

이런 사건 가운데 가장 전형적인 것은 당신이 타인을 괴롭힌 사건입니다.

여기서 당신은 이런 사건들을 재체험하는 시간을 가질 수 있습니다.

그런 사건을 재체험할 때 당신은 당신이 괴롭힌 상대방이 되어 그 사건을 다시 체험할 수 있습니다.

우리 인간은 타인에게 어떤 상처를 주고 살았는지 모르는 경우가 많습니다. 그러나 일단 다른 사람에게 피해를 주었다면 업보가 생긴 것이고 진화하기 위해서는 우리 자신이 그것을 풀어야 합니다.

자신이 의도적으로 괴롭힌 사람들이 어떤 괴로움을 겪었는지를 아는 것은 쉬운 일 같지만 사실은 매우 힘든 일입니다.

인간은 이기적이기 때문에 상대방의 아픔을 잘 헤아리지 못하고 그것을 대수롭지 않게 여기거나 아예 잊어버리는 경우가 많습니다.

그런데 어떤 경우가 되던 한 사람이 당신 때문에 괴로운 마음을 갖게 되었다면 그 부정적인 기운은 계속 남기 마련입니다.

그리고 그 기운은 어떤 형태로든 당신에게 돌아옵니다.

그 기운이 어떻게 내게 돌아오는가 하는 것은 매 사건마다 다르기 때문에 일률적으로 말할 수 없습니다.

이때 가장 중요한 것은 그 기운을 풀 수 있는 사람이 바로 당신이라는 것입니다.

당신이 용서를 구하는 마음이나 사랑하는 마음을 가지면 그 부정적인 기운은 풀리게 됩니다.

이 기운을 풀려면 우선 상대방이 얼마나 아픈 줄 알아야 합니다.

그것을 자기 아픔으로 느껴야 진정으로 사과할 수 있습니다.

그래서 이 전생 리뷰에서는 당신에게 그런 상황을 객관적으로 보게 함으로써 상대방의 마음을 헤아리게 만들어줍니다.

그러나 이렇게 해도 상대방의 아픈 마음을 잘 알지 못하면 어떤 리뷰에서는 자신이 해친 사람의 입장에 서게 되는 경우도 있습니다.

좀 더 구체적으로 말하면 그 사람의 마음속으로 들어가 그 사람이 느낀 것을 똑같이 느낀다는 것입니다.

이럴 때 당사자들은 깜짝 놀랍니다.

그 타인이 얼마나 아파했는가를 알게 되기 때문입니다.

그러면 사려 있는 영혼들은 다른 사람의 육체를 다치게 하는 것은 말할 것도 없고 마음을 아프게 하는 것이 얼마나 나쁜 것인가를 깨닫고 다시는 그런 일을 하지 않겠다고 다짐합니다.

사실 우리에게는 이러한 기회가 항상 있었습니다.

지상에 있을 때에도 그랬습니다.

그러나 대부분의 경우 우리는 그런 기회를 놓쳤습니다.

이번 기회는 지상에서 있을 때보다 훨씬 좋으니 부디 놓치지 마시기 바랍니다.

지상에서도 그렇지만 이곳의 삶에서 반드시 추구해야 할 일은 배우는 것입니다.

이것에 비하면 다른 일들은 중요도가 많이 떨어집니다.

물론 이웃을 사랑하는 일도 잊어서는 안 되겠죠.

그러나 지혜가 없는 사랑은 종종 큰 독이 될 수 있으니 조심해야 합니다.

지혜가 있어야 사랑도 진정한 사랑이 되니 중요하다고 하는 것입니다.

이 단계에서도 그런 지혜를 잘 닦아야 합니다.

특히 여기서 행하는 전생 리뷰를 통해 큰 지혜를 닦을 수 있으니 이 기회를 놓치지 말기 바랍니다.

이제 이 단계를 떠납니다.

우리는 더 높은 단계로 가기 위해 올라가야 합니다.

우리의 본향은 이 일차 영역이 아닙니다.

이 영역은 단지 거쳐 가는 중간 영역입니다.

더 고급의 영역으로 가기 위해 우리는 일차 영역을 떠나야 합니다.

이때 우리의 영혼은 약간의 변화를 겪습니다.

이것을 또 하나의 '몸 벗음'(지상 용어로는 죽음)이라고 해도 좋습니다.

이제 일차 영역에 적응해 있던 몸을 벗고 더 높은 영역에 맞는 몸을 맞이
해야 합니다.

새로운 몸으로 태어난다는 것이지요.

그런데 이 몸은 다른 데서 오는 게 아닙니다.

원래 있던 몸이 나타나는 것입니다.

없던 몸이 생겨날 수는 없습니다.

이전 몸이 사라지고 우리 안에 있던 몸이 또 나타나는 것이지요.

한 꺼풀 벗는다고나 할까요?

이렇게 됨으로써 새로운 몸이 나타나고 영혼의 진동수가 올라가면 더 높
은 영계로 들어갈 준비를 마치게 됩니다.

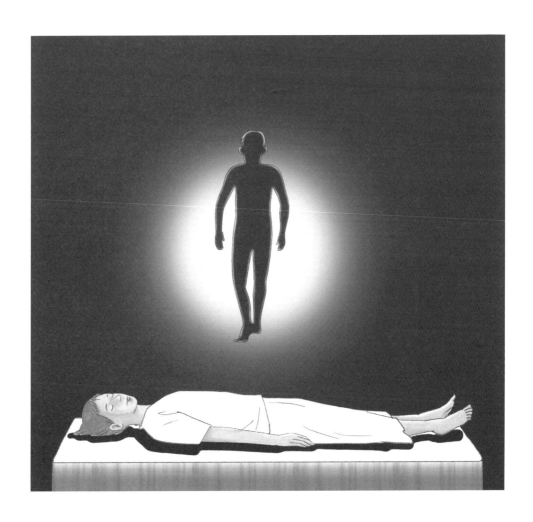

3. 두 번째로 도착한 곳에서

이렇게 해서 일차 영역의 공부를 마치면 당신은 다음 영역으로 갑니다.

이것은 굳이 가는 것이라기보다 자신의 상태를 바꾸는 것이라 할 수 있습니다.

가는 길이 멀 수도 있고 순식간에 갈 수도 있습니다.

이 모든 것은 당신이 어떻게 생각하느냐에 달려 있습니다.

이때에 할 수 있는 가장 좋은 일은 자신이 지상에 태어나기 전에 머물고 있었던 본향에 대해 생각하는 것입니다.

그곳에서 있었을 때 행복했던 시간과 당시에 같이 있었던 친구들을 생각해봅니다.

사실 이런 집중이 꼭 필요한 것은 아닙니다.

그냥 가만히 있으면 어느새 그 영혼들의 앞에 있는 자신을 발견하게 됩니다.

이곳에서는 같은 진동수를 가진 영혼들이 자동적으로 모여드니 그렇게 된다고 한 것입니다.

진짜 본향에 들어서서

어찌 됐든 당신은 이제 당신의 진짜 고향으로 들어갑니다.

그곳이 진짜 고향이라는 것은 새삼스럽게 말을 하지 않아도 알 수 있습니다.

왜냐면 당신은 지금까지 살아오면서 이렇게 편안한 감정을 느껴본 적이 없기 때문입니다.

지상에서 살 때 당신은 육신의 고향을 방문한 적이 있을 겁니다.

그때에도 편안한 마음을 느꼈겠지만 이때 느끼는 편안함과는 비교가 되지 않습니다.

이곳에 들어서면 당신을 맞이하는 영혼들이 있습니다.

이들은 당신과 가장 비슷한 수준의 닮은꼴 영혼들입니다.

이 영혼들은 온 마음을 실어 기꺼운 마음으로 당신을 맞이합니다.

모두가 말할 수 없이 반가운 얼굴들입니다.

대개의 경우 이 가운데에는 지상에서 친하게 지내던 친구나 가족 혹은 인척들이 있습니다.

그러나 반드시 가족들만 있는 것은 아닙니다.

예를 들어 일생을 수도 공동체에서 산 사람은 이곳에서도 육신의 가족들보다 평생을 같이 수도한 동료들을 만나게 될 확률이 높습니다.

이곳에 오면 당신은 여기가 당신의 진정한 고향이었다는 사실을 직감적으로 알게 된다고 했습니다.
그리고 지상에서의 삶은 일종의 여행에 불과했고 이곳이 집이었다는 사실을 확실하게 깨닫게 됩니다.

아울러 사람들이 지상과 영계의 관계에 대해 얼마나 잘못 알고 있는지에 대해서도 알게 됩니다.
지상에서 우리는 사랑하는 가족이나 친구가 죽음을 맞이할 때 어쩔 줄을 모르고 슬퍼합니다.
그럴 때 우리가 많이 하는 인사는, 긍정적인 때는 '잘 가' 혹은 '안녕히 가세요'라는 것이지만 부정적일 때는 '가지 마' 혹은 '가시면 안 되요!' 입니다.
이런 생각이나 인사가 얼마나 잘못된 것인지는 여기에 오는 순간 알게 됩니다.

고향으로 돌아가는 분, 즉 임종하는 분에게 '안녕히 가세요'라고 할 수 없는 것은 아닙니다.
그러나 그보다는 '먼저 가 계세요.
저도 시간이 되면 따라갈 겁니다'라고 하는 게 더 정확한 것 아닐까요?
그러니 '가지 마' 혹은 '가지 마세요'라고 하는 것은 완전히 잘못된 것임을 알 수 있겠죠?
여행을 잘 마치고 본향으로 돌아가시는 분께 가지 말라고 하면 되겠습니까?

우리가 여행지에 영원히 있을 수는 없지 않겠습니까?

그러면서 우리는 가시는 분에 대해 많은 걱정을 합니다.
그 이가 떠나면 영영 이별인 줄 알고 그렇게 슬퍼할 수 없습니다.
이런 것들은 모두 거꾸로 된 생각입니다.
왜 그럴까요?
지상은 잠시 있는 곳이니까 정거장에 비유할 수 있습니다.
그리고 임종하는 것은 본 역으로 돌아가는 것이라고 할 수 있습니다.
그런데 정거장에 있는 사람들이 본 역으로 돌아가는 분들을 걱정하니 이상한 것 아닙니까?
외려 본향으로 가는 이들이 사랑하는 가족을 여행지에 두고 가니 그들이 더 슬퍼해야 하지 않을까요?

그래서 엄격하게 말하면, 지상에서 맞이하는 임종이나 장례식은 슬퍼해야 할 사건이 아니라 외려 기뻐해야 할 일로 여겨야 합니다.
크게 축하해야 할 일이지요.
그렇지 않습니까?
힘든 지상 체류를 성공적으로 끝내고 이 무거운 몸을 벗게 되었는데 어찌 축하할 일이 아니겠습니까?
그리고 이 무거운 몸 대신 원래 갖고 있었던 말할 수 없이 가볍고 편안한 몸으로 돌아가니 얼마나 좋은 일입니까?
그래서 지금처럼 임종 침상이나 장례식에서 너무 심각하고 과도하게 애통해 하는 것은 삼가야 할 것입니다.

다시 만나 정 나누기

어떻든 이렇게 해서 당신은 본향으로 돌아왔고 동료들을 다시 만나 기쁜 마음을 서로 나눕니다.

그리고 지난 생애에 지상에서 수고한 데에 대해 많은 격려를 받습니다.

간혹 그 가운데에는 지상에서 같이 있던 동료들도 있습니다.

이 사람은 먼저 지상을 떠나 이곳으로 온 것이지요.

그래서 더 반갑습니다.

이렇게 다시 만난 사람들은 지상에서 있던 일로 이야기의 꽃을 피웁니다 (물론 여기서의 대화는 마음과 마음으로 전달됩니다).

특히 전혀 다른 곳에 갔다 온 동료와는 나눌 이야기가 많습니다.

전혀 다른 환경에 있다 왔으니 서로 궁금한 사항이 많을 겁니다.

지상에서 이와 비슷한 모임을 찾으라고 한다면 향우회 같은 것을 들 수 있습니다.

각각 서로 다른 타지에 있다가 오랜만에 고향에 돌아와서 만나면 얼마나 반갑고 할 이야기가 많겠습니까?

이렇게 다정한 이야기를 하면서 영혼들은 수고스러웠던 지상 생활을 접고 충분히 쉽니다.

비유컨대 지상 생활이 학기 중이었다고 한다면 이곳은 방학을 맞아 온 것이니 쉬는 것은 당연한 것이겠죠.

다시 기운이 날 때까지 아무 걱정하지 말고 쉬어야 합니다.

그래야 다시 지상에 내려갈 힘이 생기고 그럴 마음이 생길 수 있기 때문입니다.

이곳이야말로 재충전할 수 있는 최상의 장소입니다.

그렇게 쉬면서 다른 쪽을 보면 다른 공동체도 보입니다.

그곳에도 우리 공동체처럼 여러 영혼들이 모여 있습니다.

우리와 가까운 곳에 있기 때문에 그들도 우리와 비슷한 성향을 갖고 있는 것을 알 수 있습니다.

이것을 알 수 있는 것은 진동수나 색깔을 통해서입니다.

영혼의 수준이 비슷하면 진동수나 색깔도 비슷합니다.

그런데 재미있는 것은 그렇게 비슷한 것을 느껴도 그곳으로 갈 수는 없다는 것입니다.

누차 이야기했지만 이곳은 매우 자유로운 곳처럼 보이지만 결코 어길 수 없는 법칙이 있습니다.

진동수가 다르면 다른 영혼을 만나는 일이 쉽지 않다는 것이 그것입니다.

진동수에 그리 제약 받지 않고 여러 공동체들을 마음대로 넘나들 수 있는 영혼도 있습니다.

그런 영혼은 아주 높은 영혼들입니다.

그러나 그런 영혼은 극히 소수에 불과합니다.

영계의 큰 법칙 중에 하나는, 빠른 진동수를 가진 높은 영혼들은 자신이 있는 곳보다 더 낮은 곳으로 내려올 수 있지만 그 반대는 안 된다는 것입니다.

이것은 고급령들이 자신의 진동수를 낮출 수 있기 때문에 가능한 것인데 그렇다고 진동수를 낮추는 일이 쉬운 것은 아닙니다.

그런데 영의 진동수에 관계없이 누구든지 만날 수 있는 곳이 있습니다.

바로 지상입니다.

지상에서는 육체가 영혼을 덮고 있기 때문에 누구에게든 접근할 수 있습니다.

따라서 지상에서는 등급이 다른 영혼을 만나 많은 배움을 얻어낼 수 있습니다.

그래서 지상에서는 영계와는 비교도 안 되게 많은 자극을 받을 수 있습니다.

영계는 주위에 서로 비슷한 영혼들만 있기 때문에 있기에는 편안하지만 다양함을 배우는 데에는 한계가 있습니다.

자극이 부족한 것이지요.

그래서 더 많은 공부를 더 빨리 하고자 하는 영혼은 지상으로 오는 것을 마다하지 않습니다.

지상의 물질적 세상은 우리의 공부가 빠르게 진전하게 해줍니다.

이것이 이 지상이 존재하는 이유 중의 하나입니다.

아주 좋은 학습장이라는 것이지요.

이렇게 하면서 동료 영혼들과 옛정을 마음껏 나눕니다.

그렇게 지내다 보면 그곳에 적응하게 되고 다음 할 일에 대해서도 생각하게 됩니다.

우리들 대부분은 다시 지상으로 가야 하는데 그것을 준비하는 시간을 가져야 합니다.

본향에서 할 일에 대해
- 모든 전생 리뷰하고 앞으로 계획 세우기

본향에서 해야 할 일 가운데 중요한 일은 자기가 살아온 모든 전생을 되돌아보는 것입니다.

일차 영역에서는 바로 직전 전생만 리뷰했습니다마는 우리의 영혼은 수많은 생을 살았기 때문에 그 한 생만 보아서는 부족합니다.

전체 생을 리뷰해야 내가 지금 어떤 지점에 와 있는가를 확실하게 알 수 있기 때문입니다.

그리고 그것을 바탕으로 다음 생에 대해 계획을 짤 수 있습니다.

그것을 하기에 이 이차 영역은 아주 좋은 곳입니다.

왜냐면 좋은 동료들이 있어 적절한 조언을 얻을 수 있을 뿐만 아니라 아주 높은 영혼들의 도움도 받을 수 있기 때문입니다.

그런데 그들이 우리를 돕고 말고는 우리에게 달려 있지 그들에게 달려 있는 것이 아닙니다.

우리가 그들을 부르면 그들은 119 구급대처럼 곧 달려오지만 우리가 청하지 않으면 오지 않는다는 의미에서 그들의 초청 여부가 우리에게 달려 있다고 한 것입니다.

자신의 모든 생을 리뷰하는 것은 결코 쉬운 일이 아닙니다.

이것을 독자적으로 할 수 있는 영혼은 매우 진화된 영혼입니다.

우리의 생명이 어떻게 시작됐고 나의 정체성이 언제 확립되었으며 그것이 몇 생을 거쳐서 지금까지 왔는지를 알 수 있는 영혼은 깨달은 사람밖에는 없습니다.

그런데 이것을 아는 영혼이 있다 하더라도 그것을 모르는 영혼에게 설명하는 일은 쉽지 않습니다.

이런 지식은 직관적으로 파악되고 마음에서 마음으로만 전달될 뿐이지 논리적인 방법으로는 설명될 수 없기 때문입니다.

당신이 있는 곳이 영계라 하더라도 이런 우주의 근본에 대한 지식 혹은 지혜를 다 알 수는 없습니다.

그저 당신이 수용할 만큼만 받아들이면 됩니다.

모든 전생에 대한 리뷰도 당신이 할 수 있는 능력에는 한계가 있습니다.

전생에 대한 리뷰를 당신 혼자서 되돌아볼 수도 있고 아니면 주위의 동료들로부터 조언을 받으며 할 수도 있습니다.

더 나아가서 고급령들에게서도 최고의 정보를 받을 수 있습니다.

이 리뷰는 혼자 하는 일이 어렵기 때문에 과거의 많은 전통에서는 영계에 심판관을 상정했습니다.

이 심판관 가운데 가장 대표적인 것으로 인도의 베다 전통에 나오는 야마(한국명은 염라)를 들 수 있고 이집트 신화에 나오는 오시리스 신 등을 들 수 있습니다.

이들 전통에 따르면 이 심판관들은 개개 영혼이 도착하면 그 영혼의 카르마 혹은 죄를 판가름합니다.

그리고 그에 따라 적절한 영계나 내생을 제시합니다.

그런데 제시라기보다 판결을 내리는 것이라 해당 영혼은 어쩔 수 없이 그 결정을 따라야 합니다.

이 모든 이야기는 방편에 불과합니다.

영계에는 이런 심판관 같은 존재는 없습니다.

특히 민간에서 말하는 것처럼 염라대왕 같은 존재가 판관처럼 거창한 차림을 하고 죄를 심판하고 징벌을 주는 그런 일은 없습니다.

만일 이와 비슷한 존재가 있다면 저급 영혼들에게 조언을 해주며 돕는 역할을 하는 고급령들뿐입니다.

주위의 도움을 받던 아니던 당신은 자신의 능력 안에서 자신의 전생들을 리뷰하게 됩니다.

리뷰하는 동안에 당신은 자신이 얼마나 다양한 생을 살았는가를 발견하고 놀랄지 모릅니다.

당신은 전혀 자신이 아니었을 것 같은 인물로도 산 적이 있었는가 하면 직전 전생과 매우 흡사한 생을 산 적도 있을 겁니다.

그러면 여기서 당신은 무엇을 해야 할까요?

이 시점에서 해야 할 가장 중요한 일은 당신의 카르마가 어떻게 진행되어 왔는가를 총체적으로 점검하는 일입니다.

당신은 일차 영역에서 직전 전생을 리뷰했습니다.

그때에는 그 생을 위해 세웠던 계획이 제대로 실행되었는가에 대해서만 알아보았습니다.

이번에는 그것을 넘어서 전체 생을 다 훑어보는 것입니다.

전체 콘텍스트를 보는 것이시요.

전체 맥락에서 당신의 카르마가 어떻게 진행됐는가를 보는 것입니다.

그리고 그것이 좋은 방향으로 가고 있는지 확인하는 것입니다.

특히 직전 전생이 전체 방향에 맞게 진행됐는지를 알아봐야 합니다.

직전 전생이 중요한 것은 앞으로 올 내생의 일정을 결정하는 데에 결정적인 영향을 미치기 때문입니다.

그런데 이 일은 말하기는 쉬워도 실제로는 결코 쉬운 일이 아닙니다.

앞에서도 이야기했지만 이렇게 모든 전생을 큰 틀에서 한 번에 점검할 수 있는 영혼은 수준 높은 영밖에 없습니다.

이것은 소아적인 이기주의에 함몰된 대부분의 영혼들이 할 수 있는 일이 아닙니다.

이는 우리 대부분에게 버거운 작업입니다.

이런 안목을 가지려면 많은 생을 거쳐서 이에 대한 공부에 몰두해야 합니다.

이때 말하는 공부는 단순한 신앙생활을 지칭하는 것이 아닙니다.

여기에는 책을 갖고 하는 공부나 스승의 가르침을 깊게 듣는 것, 자신의 몸을 이용해 어떤 식으로든 수련을 하는 것 등이 모두 포함됩니다.

이런 것들을 오래 지속해 영이 맑아진 영혼만이 카르마의 진리를 꿰뚫어 알 수 있습니다.

따라서 전체 전생 리뷰는 대부분의 영혼에게 아주 힘든 일인데 그렇다고 방법이 전혀 없는 것은 아닙니다.

누차 이야기한 대로 이곳에는 우리들을 도와주지 못해 안달이 난 고급령들이 있습니다.

정확히 말하면 이런 영들은 이곳에만 있는 것이 아니라 어디든지 있습니다.

그래서 그들은 자신들을 간절히 찾는 영혼이 있으면 즉시로 나타날 수 있습니다.

진동수만 맞으면 시간과 공간에 관계없이 단번에 나타나는 것입니다.

그렇게 나타난 그들은 당신으로 하여금 이 모든 것을 알 수 있게 도와줍니다.

이들은 결코 다른 영혼의 삶에 끼어들지 않습니다.

다른 사람의 삶을 간섭하는 것은 수준이 낮은 영들이 멋모르고 즐겨 하는 일입니다.

그것은 아주 치졸한 짓입니다.

생명의 세계에서 가장 중요하고 귀중한 법칙은 생명의 자율권을 전적으로 인정하고 존중하는 것입니다.

생명은 어떤 것이든 수단으로 사용되어서는 안 됩니다.

모든 생명이 그 자체로 목적이 되어야 하는 것은 절대로 범할 수 없는 불문율입니다.

다음 생 디자인하기

여기서 중요한 것은 지나간 과거가 아니라 앞으로 올 새로운 삶을 디자인하는 것입니다.

지금까지 우리가 전체 전생을 점검한 것은 다음 생을 기획하기 위해서였습니다.

우리는 지금까지 지은 업보를 분석하면서 우리 영혼이 진화하려면 어찌하는 것이 가장 좋을지에 대해 고급령들과 상의하게 됩니다.

그리곤 구체적인 사항에 대해 그들과 함께 논의합니다.

그 구체적인 것들이란 어떤 것일까요?

우선 어떤 부모 밑에 태어날지를 결정하는 것이 가장 중요합니다.

우리는 그동안 수없이 많은 사람들을 부모 삼아 태어났습니다.

그것은 다 그때그때의 인연에 따라 정해진 것입니다.

이번에도 마찬가지입니다.

이때 부모는 자신이 선택한다기보다 카르마의 입장에서 볼 때 가장 적합한 사람으로 결정된다는 것이 더 정확한 묘사일 것입니다.

자신이 태어나고 싶은 곳도 있고 태어나고 싶지 않은 곳도 있을 터이지만 이것은 자기가 원하는 대로 되는 것이 아닙니다.

그보다는 엄격한 카르마 법칙에 따라 결정됩니다.

예를 들어 이번 생에 당신이 이전에 아주 많이 괴롭힌 사람의 자식으로 태어나야 한다면 받아들일 수 있겠습니까?

받아들일 수가 없겠죠.

그런데 고급령들이 당신에게 이 상황을 받아들여야 당신의 카르마를 탕감하고 진화할 수 있다면서 그렇게 환생하는 것을 권한다면 어떻게 하시겠습니까?

참으로 곤란하겠지요?

잠정적인 결론이지만 이런 일이 벌어질 때에 본인이 원하지 않으면 그런

탄생을 택하지 않아도 됩니다.

그러나 결국은 그런 현실에 부딪혀야 하니 피하지 않는 게 좋습니다.

고급령들은 당신을 매우 친절하고 자애롭게 대하겠지만 카르마의 준엄한 법칙은 피해갈 수 없습니다.

이런 경우에도 고급령과 상의를 해서 가장 좋은 길을 찾기 바랍니다.

고급령은 당신에게 항상 이상적인 길을 제시할 겁니다.

그렇지만 절대로 강요하지는 않습니다.

이런 사정을 알면 '왜 나는 이런 부모 밑에 태어나 생고생을 하는가?' 혹은 '왜 나는 내가 택하지도 않은 부모를 만나 이런 부당한 대우를 받아야 하는가'와 같은 자조어린 질문을 할 수 없을 겁니다.

모든 것은 자신이 택한 것, 혹은 자신의 결정과 함께 카르마에 따라 결정된 것이니 불평할 것이 하나도 없습니다.

이런 질문을 하면서 자꾸 불평한다면 그것은 자기 얼굴에 침을 뱉는 것과 다름없습니다.

그런데 이런 사실을 아는 사람은 아주 적습니다.

그럴 수밖에 없는 것이 생과 생을 넘나드는 카르마의 법칙을 아는 사람은 극소수이기 때문입니다.

그래서 많은 세계 종교에서는 자신에게 주어진 상황이나 조건을 무조건 받아들여야 하고 어떤 원망이나 분노도 갖지 말라고 가르친 것입니다.

보통 인간의 능력으로는 알 수 없으니 무조건 수용하라고 지시했던 것입니다.

당신도 영계에서 보면 이런 가르침들의 진실을 이해할 수 있을 겁니다.

그 다음에도 결정할 사항이 많습니다.

부모가 결정되면 어떤 자매나 형제들과 같이 살게 되는지에 대해서도 결정해야겠죠?

이제부터 여러 사람들의 카르마가 섞이게 됩니다.

이렇게 섞인 카르마는 서로를 상승시키는 긍정적인 것도 있을 수 있고 서로를 퇴락시키는 부정적인 것도 있을 수 있습니다.

이것은 각 개인, 그리고 가족마다 매우 다르기 때문에 일률적으로 말하기가 쉽지 않습니다.

그런데 자매, 형제들보다 더 중요한 인간관계가 있지요?

배우자입니다.

배우자 역시 이 생을 받기 전에 결정됩니다.

새로운 생에 가정을 같이 만들 배우자가 결정되었다고 하면 여러분들은 믿지 않을지도 모르겠습니다.

그러나 가만히 생각해보십시오.

한 생애에서 부부가 되어 같이 산다는 것은 엄청나게 복잡하게 얽힌 인연의 결과이지 우연으로 생길 수 있는 일이 아니지 않겠습니까?

자식도 그렇습니다.

어떤 자식과 인연이 되는지도 역시 복잡한 카르마의 얽임에 따라 결정됩니다.

이것 역시 당연한 일이라 더 이상의 설명이 필요 없을 겁니다.

이 이외의 인연들도 많습니다.

친구 혹은 동료들에 대한 인연도 모두 결정된 상태로 옵니다.

친구라는 것은 우리가 생각하는 것보다 훨씬 중요합니다.

우리가 어릴 때에는 주로 가족 안에서 성장하니까 부모나 형제자매가 중요합니다마는 결혼을 하고 직장을 가지면 그 다음부터는 사회에서 만나는 친구들이 더 중요할 수 있습니다.

따라서 직장에서 만난 동료들이 같은 영계 공동체에서 온 영혼일 수도 있습니다.

우리가 사회에서 직장이나 어떤 공동체에 소속되면 우리는 가족보다 그곳에 있는 사람들과 더 많은 시간을 보내게 됩니다.

그래서 그곳서 만난 동료 가운데에 아주 친해지는 사람이 있다면 그 사람은 전생에 매우 가까웠던 사람일 가능성이 높습니다.

그리고 지내다 보면 그런 사람과는 어떤 특별한 인연이 있는 것을 알 수 있습니다.

한편 직전 생과는 관련 없는 영혼이 이번 생에 아주 가까운 동료가 되는 경우도 있습니다.

이것은 몇 생 전인지는 몰라도 서로 간에 인연을 만들었는데 이번 생에 다시 인연이 닿아 만나게 된 것이랍니다.

이렇듯 카르마의 법칙은 복잡하게 굴러가고 있고 한 치의 오차도 없이 적용됩니다.

그래서 우리가 만나는 어떤 인연도 가볍게 보아서는 안 됩니다.

어떤 과거에 어떤 카르마로 엮였는지 모르는 일이고 또 앞으로 어떻게 발전할 지 모르기 때문에 어떤 카르마이건 어떤 사람이건 소홀하게 대처한다거나 잘못 대해서는 안 되겠습니다.

이때 결정되는 것들은 위에서 본 것처럼 다음 생의 인연에 대한 것뿐만이 아닙니다.
당신이 생각하는 것보다 훨씬 많은 것들이 결정된 상태로 그 다음 생을 받게 됩니다.
그 예를 들어볼까요?
대부분의 사람들은 자신이 태어나고 죽는(몸을 벗는) 것이 모두 우연히 그렇게 되었다고 생각하기 쉽습니다.
그러니까 아무 때나 태어나고 아무 때나 죽는 것으로 생각한다는 것입니다.

그러나 사람이 언제 태어나고 언제 어떻게 죽는가는 거의 대부분의 경우 영계에서 결정되고 우리는 그 상태에서 태어납니다.
그러니까 사람의 수명은 모두 결정되어 있다는 것입니다.
그리고 죽을 때에도 어떤 병으로 죽을지 혹은 어떤 사고를 당해 죽을지도 대부분의 경우 결정되어 있답니다.

그뿐만이 아니죠.
언제 어떤 큰 병이 걸리는지 등과 같은 큰 사건의 발생 역시 프로그램 되어 있습니다.
여러분들이 보기에는 이런 사건들이 그저 우연히 일어나는 것으로 보이지만 사실은 이렇게 프로그램되어 있답니다.

이런 사실이 믿기지 않으면 한번 최면을 이용해보십시오.

자신을 최면하든 다른 사람을 최면하든 깊은 최면 상태에 들어간 사람에게 이런 질문을 던져보십시오.

그러면 그 사람의 무의식은 이러한 사실에 대해 다 알고 있다는 것을 발견할 수 있습니다.

당신이 지상에 내려올 때 가졌던 생각은 모두 당신의 무의식에 저장되어 있다는 것을 잊어서는 안 됩니다.

지상에서 살 때 어떤 큰 일이 닥치면 당신은 종종 어떤 예감을 갖게 됩니다.

이것이 가능한 이유는 당신의 무의식 속에 프로그램 되어 있는 것을 느끼기 때문입니다.

이렇게 결정되는 것들 중에는 세세한 것들도 많습니다만 여기서 그런 것들을 다 적을 수는 없습니다.

예를 들어 이번 생에 재정 상태가 어떨 지도 모두 결정이 됩니다.

쉽게 말해 당신이 이번 생에 돈을 얼마나 벌지도 결정되어 있다는 것입니다.

대부분의 사람들은 생을 살면서 돈을 벌기 위해 혈안이 되어 있는데 위의 사실을 알면 조금은 돈에서 해방되지 않을까 하는 생각입니다.

돈을 아무리 벌려 해도 벌 수 있는 돈은 이미 결정되어 있으니 과도한 욕심을 자제할 수 있지 않겠습니까?

그리고 가만히 있어도(?) 들어올 돈은 들어오니 굳이 더 벌려고 아등바등 할 필요도 없겠습니다.

이렇게 생각하면 우리는 돈에서 얼마간은 해방될 수 있을 것입니다.

지금까지의 설명을 따라오다 보면 우리 인생에서 일어나는 많은 일들이 결정된 것처럼 보일 겁니다.

그러면 어떤 분은 이렇게 반문할지 모릅니다.

'모든 것이 결정되어 있다면 나의 선택은 없는 것인가?' 혹은 '나는 자유의지가 없는 것인가?'라고 말입니다.

여기서 말하고 있는 것은 모든 것이 결정되어 있다는 결정론이 아닙니다.

모든 것에는 원인이 있다는 인과론을 말하고 있을 뿐입니다.

그렇지 않습니까?

어떤 일이 벌어지려면 거기에는 분명히 원인이 있습니다.

그 원인 때문에 결과가 빚어지는 것입니다.

그런 면에서 인과론이라고 하는 것인데 우리 인생에서 일어나는 일 가운데에는 우리가 생각한 것보다 이미 결정되어 있는 일이 많다는 것을 알려드리고 싶군요.

우리는 분명히 자유의지를 갖고 있습니다.

그러나 그렇다고 해서 모든 일을 우리가 마음대로 할 수 있는 것은 아닙니다.

내가 다른 사람을 괴롭혔으면 그 업보를 받아야지 내게 자유의지가 있다고 그 업보에서 벗어날 수 있는 것은 아닙니다.

우리가 겪는 모든 일에는 원인이 있는데 그 원인이 가져오는 결과를 탈피하는 일은 가능하지 않다는 것입니다.

우리는 그 원인이 가져오는 결과 안에서 우리의 자유의지를 행사할 수 있을 뿐입니다.

조금 더 정확히 말하면, 우리가 겪는 사안 마다 자유의지를 행사할 수 있는 여지가 다르다고 할 수 있습니다.

어떤 일은 우리가 행할 수 있는 자유의 폭이 넓지만 어떤 것은 그 폭이 아주 좁을 수 있습니다.

그런데 선지자들에 따르면 우리의 인생에서 일어나는 굵직한 일들은 우리가 행사할 수 있는 자유 의지의 폭이 그다지 넓지 않다고 합니다.
탄생과 죽음, 가족들의 구성, 갑자기 겪는 큰 사건 등과 같은 큰일들은 거의 결정된 상태로 이 세상에 태어나기 때문입니다.
그래서 지혜로운 이들은 자신이 어떤 일을 겪던 그 일에서 자신이 행사할 수 있는 자유의 정도를 미리 알고 그것에 맞게 행동합니다.
여러분들도 자신이 어떤 일을 당하든지 저항하지 않고 수용해야 하는 부분과 내가 노력해서 바꿀 수 있는 부분을 지혜롭게 구분하시기 바랍니다.
지혜로운 이는 카르마의 도도한 물결을 거스르지 않고 그 결에 맞추어 가면서 관조의 자세로 즐길 줄 아는 사람입니다.
여러분들도 이런 여유로운 자세를 찾았으면 하는 바람입니다.

다시 지상으로 내려가며

여기까지 왔으면 이곳에서 할 수 있는 공부는 다 마친 셈입니다.
이런 모든 것을 공부하는 데에 얼마나 많은 시간이 걸리는지는 확실히 모릅니다.
이것은 사람마다 다르겠지요.
그런데 확실한 것은 이런 공부를 제대로 하는 영혼은 흔하지 않다는 것입니다.

그러나 이런 사정을 다 안다면 이 공부가 얼마나 중요한지 아실 겁니다.
인생에서 가장 필요한 공부는 바로 이것입니다.
자기 영혼을 진화시키는 일보다 더 중요한 것은 없습니다.
당신은 이제 이 일이 가장 중요한 것임을 깨닫고 지상으로 내려갈 차비를
차립니다.

이제 당신은 지상으로 갑니다.
단순하게 보면 이것은 흡사 하늘에서 지구로 내려가는 것처럼 보입니다.
그러나 이것은 공간 속의 이동이 아니라 차원의 이동일 뿐입니다.
영적인 에너지 차원의 진동을 느리게 해서 물질세계에 맞추면서 서서히
하강합니다.

이 지상에 오느라고 노고가 많으셨습니다.
이번 생에 잘 여행하시고 많은 것을 배우고 시간이 되면 기쁜 마음으로 본
향으로 돌아가시기 바랍니다.
당신은 언제나 훌륭한 영혼이었고 앞으로 얼마나 많은 세월이 걸릴지 모
르지만 반드시 진화의 끝을 맺을 것입니다.

고맙습니다.